心一堂術數古籍珍本叢刊

書名：星度指南
系列：心一堂術數古籍珍本叢刊　星命類　第三輯　303
作者：【民國】曹仁麟
主編、責任編輯：陳劍聰
心一堂術數古籍珍本叢刊編校小組：陳劍聰　素聞　鄒偉才　虛白盧主　丁鑫華

出版：心一堂有限公司
通訊地址：香港九龍旺角彌敦道六一〇號荷李活商業中心十八樓〇五—〇六室
深港讀者服務中心：中國深圳市羅湖區立新路六號羅湖商業大廈負一層〇〇八室
電話號碼：(852)9027-7110
網址：publish.sunyata.cc
電郵：sunyatabook@gmail.com
網店：http://book.sunyata.cc
淘寶店地址：https://shop210782774.taobao.com
微店地址：https://weidian.com/s/1212826297
臉書：https://www.facebook.com/sunyatabook
讀者論壇：http://bbs.sunyata.cc/

版次：二零一九年十二月初版
平裝

定價：港幣　一百四十八元正
　　　新台幣　五百九十八元正

國際書號：ISBN 978-988-8583-03-4

香港發行：香港聯合書刊物流有限公司
地址：香港新界大埔汀麗路36號中華商務印刷大廈3樓
電話號碼：(852)2150-2100
傳真號碼：(852)2407-3062
電郵：info@suplogistics.com.hk

台灣發行：秀威資訊科技股份有限公司
地址：台灣台北市內湖區瑞光路七十六巷六十五號一樓
電話號碼：+886-2-2796-3638
傳真號碼：+886-2-2796-1377
網絡書店：www.bodbooks.com.tw
台灣秀威書店讀者服務中心：
地址：台灣台北市中山區松江路二〇九號一樓
電話號碼：+886-2-2518-0207
傳真號碼：+886-2-2518-0778
網絡書店：http://www.govbooks.com.tw

中國大陸發行　零售：深圳心一堂文化傳播有限公司
深圳地址：深圳市羅湖區立新路六號羅湖商業大廈負一層〇〇八室
電話號碼：(86)0755-82224934

心一堂微店二維碼

心一堂淘寶店二維碼

心一堂術數古籍 珍本叢刊 總序
整理

術數定義

術數，大概可謂以「推算（推演）、預測人（個人、群體、國家等）、事、物、自然現象、時間、空間方位等規律及氣數，並或通過種種『方術』，從而達致趨吉避凶或某種特定目的」之知識體系和方法。

術數類別

我國術數的內容類別，歷代不盡相同，例如《漢書・藝文志》中載，漢代術數有六類：天文、曆譜、五行、蓍龜、雜占、形法。至清代《四庫全書》，術數類則有：數學、占候、相宅相墓、占卜、命書、相書、陰陽五行、雜技術等，其他如《後漢書・方術部》、《藝文類聚・方術部》、《太平御覽・方術部》等，對於術數的分類，皆有差異。古代多把天文、曆譜、及部分數學均歸入術數類，而民間流行亦視傳統醫學作為術數的一環；此外，有些術數與宗教中的方術亦往往難以分開。現代民間則常將各種術數歸納為五大類別：命、卜、相、醫、山，通稱「五術」。

本叢刊在《四庫全書》的分類基礎上，將術數分為九大類別：占筮、星命、相術、堪輿、選擇、三式、讖諱、理數（陰陽五行）、雜術（其他）。而未收天文、曆譜、算術、宗教方術、醫學。

術數思想與發展——從術到學，乃至合道

我國術數是由上古的占星、卜筮、形法等術發展下來的。其中卜筮之術，是歷經夏商周三代而通過「龜卜、蓍筮」得出卜（筮）辭的一種預測（吉凶成敗）術，之後歸納並結集成書，此即現傳之《易

經》。經過春秋戰國至秦漢之際，受到當時諸子百家的影響、儒家的推崇，遂有《易傳》等的出現，原本是卜筮術書的《易經》，被提升及解讀成有包涵「天地之道（理）」之學。因此，《易・繫辭傳》曰：「易與天地準，故能彌綸天地之道。」

漢代以後，易學中的陰陽學說，與五行、九宮、干支、氣運、災變、律曆、卦氣、讖緯、天人感應說等相結合，形成易學中象數系統。而其他原與《易經》本來沒有關係的術數，如占星、形法、選擇，亦漸漸以易理（象數學說）為依歸。《四庫全書・易類小序》云：「術數之興，多在秦漢以後。要其旨，不出乎陰陽五行，生尅制化。實皆《易》之支派，傳以雜說耳。」至此，術數可謂已由「術」發展成「學」。

及至宋代，術數理論與理學中的河圖洛書、太極圖、邵雍先天之學及皇極經世等學說給合，通過術數以演繹理學中「天地中有一太極，萬物中各有一太極」（《朱子語類》）的思想。術數理論不單已發展至十分成熟，而且也從其學理中衍生一些新的方法或理論，如《梅花易數》、《河洛理數》等。

在傳統上，術數功能往往不止於僅僅作為趨吉避凶的方術，及「能彌綸天地之道」的學問，亦有其「修心養性」的功能，「與道合一」（修道）的內涵。《素問・上古天真論》：「上古之人，其知道者，法於陰陽，和於術數。」數之意義，不單是外在的算數、歷數、氣數，而是與理學中同等的「道」、「理」——心性的功能，北宋理氣家邵雍對此多有發揮：「聖人之心，是亦數也」、「萬化萬事生乎心」、「心為太極」。《觀物外篇》：「先天之學，心法也。……蓋天地萬物之理，盡在其中矣，心一而不分，則能應萬物。」反過來說，宋代的術數理論，受到當時理學、佛道及宋易影響，認為心性本質上是等同天地之太極。天地萬物氣數規律，能通過內觀自心而有所感知，即是內心也已具備有術數的推演及預測、感知能力；相傳是邵雍所創之《梅花易數》，便是在這樣的背景下誕生。

《易・文言傳》已有「積善之家，必有餘慶；積不善之家，必有餘殃」之說，至漢代流行的災變說及讖緯說，我國數千年來都認為天災，異常天象（自然現象），皆與一國或一地的施政者失德有關；下至家族、個人之盛衰，也都與一族一人之德行修養有關。因此，我國術數中除了吉凶盛衰理數之外，人心的德行修養，也是趨吉避凶的一個關鍵因素。

術數與宗教、修道

在這種思想之下，我國術數不單只是附屬於巫術或宗教行為的方術，又往往是一種宗教的修煉手段——通過術數，以知陰陽，乃至合陰陽（道）。「其知道者，法於陰陽，和於術數。」例如，「奇門遁甲」術中，即分為「術奇門」與「法奇門」兩大類。「法奇門」中有大量道教中符籙、手印、存想、內煉的內容，是道教內丹外法的一種重要外法修煉體系。甚至在雷法一系的修煉上，亦大量應用了術數內容。此外，相術、堪輿術中也有修煉望氣（氣的形狀、顏色）的方法；堪輿家除了選擇陰陽宅之吉凶外，也有道教中選擇適合修道環境（法、財、侶、地中的地）的方法，以至通過堪輿術觀察天地山川陰陽之氣，亦成為領悟陰陽金丹大道的一途。

易學體系以外的術數與的少數民族的術數

我國術數中，也有不用或不全用易理作為其理論依據的，如揚雄的《太玄》、司馬光的《潛虛》。也有一些占卜法、雜術不屬於《易經》系統，不過對後世影響較少而已。

外來宗教及少數民族中也有不少雖受漢文化影響（如陰陽、五行、二十八宿等學說。）但仍自成系統的術數，如古代的西夏、突厥、吐魯番等占卜及星占術，藏族中有多種藏傳佛教占卜術、苯教占卜術、擇吉術、推命術、相術等；北方少數民族有薩滿教占卜術；不少少數民族如水族、白族、布朗族、佤族、彝族、苗族等，皆有占雞（卦）草卜、雞蛋卜等術，納西族的占星術、占卜術，彝族畢摩的推命術、占卜術……等等，都是屬於《易經》體系以外的術數。相對上，外國傳入的術數以及其理論，對我國術數影響更大。

曆法、推步術與外來術數的影響

我國的術數與曆法的關係非常緊密。早期的術數中，很多是利用星宿或星宿組合的位置（如某星在某州或某宮某度）付予某種吉凶意義，并據之以推演，例如歲星（木星）、月將（某月太陽所躔之宮次）等。不過，由於不同的古代曆法推步的誤差及歲差的問題，若干年後，其術數所用之星辰的位置，已與真實星辰的位置不一樣了；此如歲星（木星），早期的曆法及術數以十二年為一周期（以應地支），與木星真實周期十一點八六年，每幾十年便錯一宮。後來術家又設一「太歲」的假想星體來解決，是歲星運行的相反，週期亦剛好是十二年。而術數中的神煞，很多即是根據太歲的位置而定。又如六壬術中的「月將」，原是立春節氣後太陽躔娵訾之次而稱作「登明亥將」，至宋代，因歲差的關係，要到雨水節氣後太陽才躔娵訾之次，當時沈括提出了修正，但明清時六壬術中「月將」仍然沿用宋代沈括修正的起法沒有再修正。

由於以真實星象周期的推步術是非常繁複，而且古代星象推步術本身亦有不少誤差，大多數術數除依曆書保留了太陽（節氣）、太陰（月相）的簡單宮次計算外，漸漸形成根據干支、日月等的各自起例，以起出其他具有不同含義的眾多假想星象及神煞系統。唐宋以後，我國絕大部分術數都主要沿用這一系統，也出現了不少完全脫離真實星象的術數，如《子平術》、《紫微斗數》、《鐵版神數》等。後來就連一些利用真實星辰位置的術數，如《七政四餘術》及選擇法中的《天星選擇》，也已與假想星象及神煞混合而使用了。

隨着古代外國曆（推步）、術數的傳入，如唐代傳入的印度曆法及術數，元代傳入的回回曆等，其中我國占星術便吸收了印度占星術中羅睺星、計都星等而形成四餘星，又通過阿拉伯占星術而吸收了其中來自希臘、巴比倫占星術的黃道十二宮、四大（四元素）學說（地、水、火、風），並與我國傳統的二十八宿、五行說、神煞系統並存而形成《七政四餘術》。此外，一些術數中的北斗星名，不用我國傳統的星名：天樞、天璇、天璣、天權、玉衡、開陽、搖光，而是使用來自印度梵文所譯的：貪狼、巨門、祿存、文曲，廉貞、武曲、破軍等，此明顯是受到唐代從印度傳入的曆法及占星術所影響。如星命術中的《紫微斗數》及堪輿術中的《撼龍經》等文獻中，其星皆用印度譯名。及至清初《時憲曆》，置閏之法則改用西法「定氣」。清代以後的術數，又作過不少的調整。

此外，我國相術中的面相術、手相術，唐宋之際受印度相術影響頗大，至民國初年，又通過翻譯歐西、日本的相術書籍而大量吸收歐西相術的內容，形成了現代我國坊間流行的新式相術。

陰陽學——術數在古代、官方管理及外國的影響

術數在古代社會中一直扮演着一個非常重要的角色，影響層面不單只是某一階層、某一職業、某一年齡的人，而是上自帝王，下至普通百姓，從出生到死亡，不論是生活上的小事如洗髮、出行等，大事如建房、入伙、出兵等，從個人、家族以至國家，從天文、氣象、地理到人事、軍事，從民俗、學術到宗教，都離不開術數的應用。我國最晚在唐代開始，已把以上術數之學，稱作陰陽（學），行術數者稱陰陽人。（敦煌文書、斯四三二七唐《師師漫語話》：「以下說陰陽人謾語話」，此說法後來傳入日本，今日本人稱行術數者為「陰陽師」）。一直到了清末，欽天監中負責陰陽術數的官員中，以及民間術數之士，仍名陰陽生。

古代政府的中欽天監（司天監），除了負責天文、曆法、輿地之外，亦精通其他如星占、選擇、堪輿等術數，除在皇室人員及朝庭中應用外，也定期頒行日書、修定術數，使民間對於天文、日曆用事吉凶及使用其他術數時，有所依從。

我國古代政府對官方及民間陰陽學及陰陽官員，從其內容、人員的選拔、培訓、認證、考核、律法監管等，都有制度。至明清兩代，其制度更為完善、嚴格。

宋代官學之中，課程中已有陰陽學及其考試的內容。（宋徽宗崇寧三年〔一一零四年〕崇寧算學令：「諸學生習……並曆算、三式、天文書。」「諸試……三式即射覆及預占三日陰陽風雨。天文即預

定一月或一季分野災祥，並以依經備草合問為通。」

金代司天臺，從民間「草澤人」（即民間習術數人士）考試選拔：「其試之制，以《宣明曆》試推步，及《婚書》、《地理新書》試合婚、安葬，並《易》筮法，六壬課、三命、五星之術。」（《金史》卷五十一・志第三十二・選舉一）

元代為進一步加強官方陰陽學對民間的影響、管理、控制及培育，除沿襲宋代、金代在司天監掌管陰陽學及中央的官學陰陽學課程之外，更在地方上增設陰陽學課程（《元史・選舉志一》：「世祖至元二十八年夏六月始置諸路陰陽學。」）地方上也設陰陽學教授員，培育及管轄地方陰陽人。（《元史・選舉志一》：「（元仁宗）延祐初，令陰陽人依儒醫例，於路、府、州設教授員，凡陰陽人皆管轄之，而上屬於太史焉。」）自此，民間的陰陽術士（陰陽人），被納入官方的管轄之下。

至明清兩代，陰陽學制度更為完善。中央欽天監掌管陰陽學，明代地方縣設陰陽學正術，各州設陰陽學典術，各縣設陰陽學訓術。陰陽人從地方陰陽學肄業或被選拔出來後，再送到欽天監考試。（《大明會典》卷二二三：「凡天下府州縣舉到陰陽人堪任正術等官者，俱從吏部送（欽天監），考中，送回選用；不中者發回原籍為民，原保官吏治罪。」）清代大致沿用明制，凡陰陽術數之流，悉歸中央欽天監及地方陰陽官員管理、培訓、認證。至今尚有「紹興府陰陽印」、「東光縣陰陽學記」等明代銅印，及某某縣某某之清代陰陽執照等傳世。

清代欽天監漏刻科對官員要求甚為嚴格。《大清會典》「國子監」規定：「凡算學之教，設肄業生。滿洲十有二人，蒙古、漢軍各六人，於各旗官學內考取。漢十有二人，於舉人、貢監生童內考取。附學生二十四人，由欽天監選送。教以天文演算法諸書，五年學業有成，舉人引見以欽天監博士用，貢監生童以天文生補用。」學生在官學肄業、貢監生肄業或考得舉人後，經過了五年對天文、算法、陰陽學的學習，其中精通陰陽術數者，會送往漏刻科。而在欽天監供職的官員，《大清會典則例》「欽天監」規定：「本監官生三年考核一次，術業精通者，保題升用。不及者，停其升轉，再加學習。如能黽勉供職，即予開復。仍不及者，降職一等，再令學習三年，能習熟者，准予開復，仍不能者，黜退。」除定期考核以定其升用降職外，《大清律例》中對陰陽術士不準確的推斷（妄言禍福）是要治罪的。《大清律例・一七八・術七・妄言禍福》：「凡陰陽術士，不許於大小文武官員之家妄言禍福，違者杖一百。其依經推算星命卜課，不在禁限。」大小文武官員延請的陰陽術士，自然是以欽天監漏刻科官員或地方陰陽官員為主。

官方陰陽學制度也影響鄰國如朝鮮、日本、越南等地，一直到了民國時期，鄰國仍然沿用着我國的多種術數。而我國的漢族術數，在古代甚至影響遍及西夏、突厥、吐蕃、阿拉伯、印度、東南亞諸國。

術數研究

術數在我國古代社會雖然影響深遠，「是傳統中國理念中的一門科學，從傳統的陰陽、五行、九宮、八卦、河圖、洛書等觀念作大自然的研究。……傳統中國的天文學、數學、煉丹術等，要到上世紀中葉始受世界學者肯定。可是，術數還未受到應得的注意。術數在傳統中國科技史、思想史，文化史、社會史，甚至軍事史都有一定的影響。……更進一步了解術數，我們將更能了解中國歷史的全貌。」（何丙郁《術數、天文與醫學中國科技史的新視野》，香港城市大學中國文化中心。）

可是術數至今一直不受正統學界所重視，加上術家藏秘自珍，又揚言天機不可洩漏，「（術數）乃吾國科學與哲學融貫而成一種學說，數千年來傳衍嬗變，或隱或現，全賴一二有心人為之繼續維繫，賴以不絕，其中確有學術上研究之價值，非徒癡人說夢，荒誕不經之謂也。其所以至今不能在科學中成立一種地位者，實有數因。蓋古代士大夫階級目醫卜星相為九流之學，多恥道之；而發明諸大師又故為惝恍迷離之辭，以待後人探索；間有一二賢者有所發明，亦秘莫如深，既恐洩天地之秘，復恐譏為旁門左道，始終不肯公開研究，成立一有系統說明之書籍，貽之後世。故居今日而欲研究此種學術，實一極困難之事。」（民國徐樂吾《子平真詮評註》，方重審序）

現存的術數古籍，除極少數是唐、宋、元的版本外，絕大多數是明、清兩代的版本。其內容也主要是明、清兩代流行的術數，唐宋或以前的術數及其書籍，大部分均已失傳，只能從史料記載、出土文獻、敦煌遺書中稍窺一鱗半爪。

術數版本

坊間術數古籍版本，大多是晚清書坊之翻刻本及民國書賈之重排本，其中豕亥魚魯，或任意增刪，往往文意全非，以至不能卒讀。現今不論是術數愛好者，還是民俗、史學、社會、文化、版本等學術研究者，要想得一常見術數書籍的善本、原版，已經非常困難，更遑論如稿本、鈔本、孤本等珍稀版本。在文獻不足及缺乏善本的情況下，要想對術數的源流、理法、及其影響，作全面深入的研究，幾不可能。

有見及此，本叢刊編校小組經多年努力及多方協助，在海內外搜羅了二十世紀六十年代以前漢文為主的術數類善本、珍本、鈔本、孤本、稿本、批校本等數百種，精選出其中最佳版本，分別輯入兩個系列：

一、心一堂術數古籍珍本叢刊

二、心一堂術數古籍整理叢刊

前者以最新數碼（數位）技術清理、修復珍本原本的版面，更正明顯的錯訛，部分善本更以原色彩色精印，務求更勝原本。并以每百多種珍本、一百二十冊為一輯，分輯出版，以饗讀者。

後者延請、稿約有關專家、學者，以善本、珍本等作底本，參以其他版本，古籍進行審定、校勘、注釋，務求打造一最善版本，方便現代人閱讀、理解、研究等之用。

限於編校小組的水平，版本選擇及考證、文字修正、提要內容等方面，恐有疏漏及舛誤之處，懇請方家不吝指正。

心一堂術數古籍 珍本 整理 叢刊編校小組

二零零九年七月序

二零一四年九月第三次修訂

星度指南序

佛度衆生出三界。於世間窮通得失。平等視之。無足探討。其說可謂窮源徹底。至高無上矣。然七地菩薩隨方應化。雖卜筮星命之學。亦所有事。故印度五明。歷久傳承而不廢。蓋以衆生未脫生死。即不離形氣。既未離形氣。即不得不隨宇宙自然而遷變。其遷變之端。無可迹象。必勉循迹象以求之。大抵不出時與方二者而已矣。印度學者。治此最精。我國舊傳命理之學。多與相通。其說有星平二家。子平即據時以推演。星度即據方以布算也。然用時之說始盛於唐。歷時較近。法亦較簡。故流傳易廣。用方之說。其式甚繁。習之尤艱。自漢以來。傳者蓋寡。吾友曹君仁麟。績學不倦。尤喜陰陽五行之書。凡人間稀見之本。無不窮搜力索。萃四十年之精力。遂克貫通其理。余於君所著壬學述古。旣受而讀之。於奇門詮正。且贅數語以弁其首。君頗許爲知言。又屬序此書。余惟奇門演式。雖已久晦。然尚有端緒可尋。若星度則竟成絶學。幾無入手之方。君抉發幽微。使之顯著。整理散佚。使成系統。學者按法演習。可無面牆之苦矣。猶憶與君從公一室。每言推命僅習子平。如鳥之一翼。車之一輪。非純全之學。深冀是編之速觀厥成也。今幸以隱處之暇。得竟其業。且刊行有日矣。安見大地烟塵。遵養時晦。非君子道明德立之機乎。

中華民國二十年夏正辛未中秋武進吳鏡予敬序

自序

天人感應。息息相通。此誠不可磨滅之至理。亦盡人而知之者也。易曰。君子終日乾乾。人感天也。天垂象。聖人則之。天應人也。夫率人性以知天。窮天理以測人。亦猶乘除相因。無所增損。何今之人。獨以命學謂如環無端。目爲神奇。是又大惑不解者矣。古賢先哲。知人之窮通壽夭。悉本乎天。唐虛中則以始誕干支。排成四柱。而爲平學之祖。漢果老則以當生星度。列作周天。而爲星學之宗。雖星平立式之方。各有不同。而天人相通之旨。殊無二致。竊考平學自虛中而後。代有撰述。其著者。如寶鑑真詮已盡其常。滴天髓復窮其變。近世有名書評註補註等作。批窾導曲。直入堂奧。可謂燦然大備矣。若夫星度之書。見之於世者。漢僅有果老星宗。元僅有耶律楚材天官論。遜清僅有乾元秘旨。其他則不多覯。即此數書。亦祇論宮分星躔之吉凶。化曜年神之休咎。而於星盤如何起布。行度如何推演。均無方式可尋。豈古人故爲矜秘以待人之自悟也哉。余賦性愚魯。嘗肄習平學。稍得門徑。乃參攷星度諸書。反覆觀摩。終無所獲。掩卷廢讀者至再。厥後見張果星宗所附鄭氏星案。因按圖索驥。逐案演布。朝斯夕斯。漸有所悟。於是盡取前讀各書。重爲悉心研討。始知星度經緯項躔之法。化曜生尅宜忌之理。舉凡關於天星之恩難。莫不涉及人事之從違。復將余命依法演測。其於境遇過程。以及日時應期。均覺確切而不可移易。噫。謂非天人相感之特徵。抑何若是之明驗耶。至是余益加憤發。於先哲各種理論。有切於實用者。或心有所得。恐日久遺忘者。均一一筆之於書。並於試演命稿。擇其與事相應而無疑慮者。亦隨時記載。閱時既久。不覺成帙。年來閒居獨處。天假以年。得此機緣。奚敢稍自荒怠。因將前帙略加整理。釐定篇次。姑名之曰星度指南。亦聊備暇時檢習之一助。至若盤式起法。尤爲學者之所先務。故於第二篇首。即將應知各步方法。不惜明晰披露。務使開卷瞭然。令人興奮。以視余曩昔沈浸於此屢年而卒不可獲者。其爲難易苦樂。蓋不可以道里計也。抑余尚有進者。堯典曰。曆象日月星辰。敬授人時。舜典曰。載璿璣玉衡。以齊七政。夫授時齊政。乃治國之大經。古訓昭然若揭。旣自晚近以還。政餘曆書。迄未頒行。星度歲差。又非淺學所可推測。循是以往。恐星度論命。幾將視爲絕學。然則製定星曆。實爲利用前民之要務。殆亦治國者所有事歟。是爲序。

中華民國二十九年庚辰孟春上虞曹仁麟序於唫梅書屋

星度指南

凡例

一星度各書均無盤式起法。欲推演命造。如車無輗軏。何以能行。本書第一篇首。特先將布盤串度各法。逐一說明。俾讀者開卷了了。不感苦悶。按步尋求。用宏深造。

一泛談星者。大都按各宮原太歲神煞。以及各星正五行生尅而判吉凶。本書凡所立論。均以化曜宜忌。星度頂躔。與命度有關會者爲經。而以神煞五行爲緯。以明輕重之別。

珍做宋版均

一　本書取材張果星宗天官五星及乾元秘旨等書。採其理論切於實驗者。分載各篇中。而於星度立名及無關於命學者。一概從略。俾歸簡易。

一　本書各篇中舉例。本自原文。其於宮度躔次。自有今昔不同之點。幸弗刻舟求劍。

一　六親生尅宜忌之理。多與子平法相通。本書專論星度。未便攙入。讀者能先識子平。再習星度。則較易入手。

星度指南目錄

卷上

第一篇　起例須知

七政四餘　二十八宿　星曜所屬宿度　二十八宿度數
周天十二宮名　十二宮卦位分野歌　同治甲子黄道新尺
歌　十二宮所屬星曜　干化曜曜化干定例　六甲納音五
行　十二宮　七政垣殿　七政恩難及躔次得失　十二宮
年分歌　安命宮命度法　定小限月限法　安月度晨昏法
十干化曜配六神定例表按年分度例　天官重要星例
月分吉凶星例　駕前神煞歌　星盤應用各種神煞例

第二篇　星盤總法

星盤起法及看斷要略　釋經絡貫串守沖關拱八法　看命主及限度要法　星盤十二宮及行限看斷總法結論　看斷詳參備要

第三篇　名論選輯

卷下

第四篇　格局評斷

富貴概論　貧賤概論　壽夭概論　性情出處疾病相貌合論　女命概論

第五篇　十二宮論

論父母　論兄弟　論妻妾　論男女　十二宮總論

第六篇　限度吉凶

行限總論　限度舉例　尅度論　餘奴傷土論　倒限總論

第七篇　演命式例

丙戌命飛星總盤　丙戌命量天新尺飛星串度表　身命六親概要　限度分年詳參　月限分推

珍倣宋版印

星度指南

星度指南卷上

上虞曹仁麟著

第一篇　起例須知

○七政四餘

政餘均謂之星。星一曰曜。七政者。日月金木水火土也（日即太陽。月即太陰。金星一名太白。木星一名歲星。水星一名辰星。火星一名熒惑。土星一名鎮星。）四餘者。炁孛羅計也（餘謂餘奴。爲七政土星之餘氣。炁即紫炁。孛即水孛。羅即羅睺。計即計都。）炁爲木餘。孛爲水餘。羅爲火餘。計爲土餘。金主剛。無餘氣。上天好生之義也。

○二十八宿

宿乃各星所泊之度。凡二十有八。卽角亢氐房心尾箕。斗牛女虛危室壁。奎婁胃昴畢觜參。井鬼柳星張翼軫也。

○星曜所屬宿度

四日宿。星房虛昴也。四月宿。心危畢張也。四木宿。角斗奎井也。四土宿。氐女胃柳也。四火宿。尾室翼觜也。四水宿。箕壁參軫也。四金宿。亢牛婁鬼也

○二十八宿度數

角木十一度。亢金十度。氐土十八度。房日五度。心月八度。尾火十五度。箕水九度。斗木廿四度。牛金八度。女

十十二度。虛日十度。危月二十度。室火十五度。壁水十四度。奎木十一度。婁金十三度。胃土十三度。昴日九度。畢月十五度。觜火一度。參水十度。井木卅一度。鬼金四度。柳土十七度。星日九度。張月十八度。翼火十七度。軫水十三度。以上二十八宿。環列周天。占度多寡不同。合之共為三百六十度也。

〇周天十二宮名

子宮曰玄枵。又曰寶瓶。丑宮曰星紀。又曰磨蝎。寅宮曰析木。又曰人馬。卯宮曰大火。又曰天蝎。辰宮曰壽星。又曰天秤。巳宮曰鶉尾。又曰雙女。午宮曰鶉火。又曰獅子。未宮曰鶉首。又曰巨蟹。申宮曰實沈。又曰陰陽。酉宮曰大梁。又曰金牛。戌宮曰降婁。又曰白羊。亥宮曰娵訾。又曰雙魚。

○十二宮卦位分野歌

子坎齊青位。丑艮越揚州。寅艮燕幽地。卯震宋豫求。辰巽鄭兖分。巳巽楚荆垃。午離周邑地。未坤秦雍留。申坤晉益位。酉兌趙冀游。戌乾魯徐郡。亥乾衞幽收。

同治甲子黃道新尺歌

翼八軫角起自辰。角八亢氐卯裏存。氐十六度過寅位。房心箕尾不外寅。箕初斗宿原居丑。斗廿一度子相親。牛女共虛同佈子。虛逢八度亥中陳。危室二宿皆由亥。室八壁奎戌宮分。奎九婁胃昴在酉。昴二畢觜參躔申。參七井兮俱列未。井廿六度午內真。鬼柳星宿亦同午。星四張翼巳宮輪。（按各宿度。歷數十年而有差移。但未滿一度。無關出入。若歲月積久。則須改用新尺。星曆家可依歲差定例推算而知也）

○十二宮所屬星曜

子丑屬土。寅亥屬木。卯戌屬火。巳申屬水。辰酉屬金。午屬日。未屬月。

○干化曜曜化干定例

甲火。乙孛。丙木。丁金。戊土。己月。庚水。辛炁。壬計。癸羅。如甲干化火曜。是爲干化曜。火甲。孛乙。木丙。金丁。土戊。月己。水庚。炁辛。計壬。羅癸。如火曜化甲干。是爲曜化干。

六甲納音五行

甲子乙丑金。丙寅丁卯火。戊辰己巳木。庚午辛未土。壬申癸酉金。甲戌乙亥火。丙子丁丑水。戊寅己卯土。庚辰辛巳金。壬午癸未木。甲申乙酉水。丙戌丁亥土。戊子己丑火。庚寅辛卯木。壬辰癸巳水。甲午乙未金。丙申丁酉火。戊戌己亥木。庚子辛丑土。壬寅癸卯金。甲辰乙巳火。丙午丁未水。戊申己酉土。庚戌辛亥金。壬子癸丑木。甲寅乙卯水。丙辰丁巳土。戊午己未火。庚申辛酉木。壬戌癸亥水。

十二宮

一命宮。二財帛宮。三兄弟宮。（又曰閉宮。）四田宅宮。五男女宮。六奴僕宮。七妻妾宮。八疾厄宮。（又曰八殺宮。）九遷移宮。十官祿宮。十一福德宮。十二相貌宮。

○七政垣殿

日躔星房虛昴四日宿。爲升殿。入午宮爲入垣。月躔心危畢張四月宿。爲升殿。入未宮爲入垣。木躔角斗奎井四木宿。爲升殿。入寅亥二宮爲入垣。火躔尾室翼觜四火宿。爲升殿。入卯戌二宮爲入垣。土躔氐女胃柳四土宿。爲升殿。入子丑二宮爲入垣。金躔亢牛婁鬼四金宿。爲升殿。入辰酉二宮爲入垣。水躔箕壁參軫四水宿。爲升殿。入巳申二宮爲入垣。

○七政恩難及躔次得失

水星喜金。金星喜土。土星喜火。火星喜木。木星喜水。日喜金水輔從。月喜火羅侍衛。以所喜者爲恩。金星怕火。火星怕水。水星怕土。土星怕木。木星怕金。日怕木炁。月怕土計。以所怕者爲難。又諸星躔恩度入喜宮爲得次。躔難度入怕宮爲失次。

○十二宮年分歌

命宮十五貌宮十。福德妻宮十一詳。官祿十五最高位。遷移止有八年粮。疾厄七兮共六六。財帛兄弟五年強。田宅子孫并奴僕。四年之半定毫芒。

安命宮命度法

以生時加太陽宮。順數遇卯。卽是命宮。以太陽之度。對着命宮之度。卽爲命度也。

定小限月限法

以生年支加在命宮。逆數至本年太歲宮。是爲小限。由小限宮起生月。按月逆尋。是爲月限。如甲子年生人。本年壬辰太歲。安命寅宮。卽以子年加在命宮寅上。逆數至戌宮遇辰。此戌宮卽其年小限宮也。本人生於五月。卽從戌上起五月。逆行六月酉。七月申。八月未。九月午。十月巳。十一月辰。十二月卯。正月寅。二月丑。三月子。四月亥。卽其年十二月限。所謂小限宮起生月是也。或謂小限宮中起正月非。

安月度晨昏法

昏度者。酉宮也。凡初一至十五六日生者。皆從酉上起。每一時挨一度。酉戌亥三時順數。申未午巳辰卯寅丑子九時逆數。晨度者。卯宮也。凡十五六至三十日生者。皆從卯宮起。每一時挨一度。卯辰巳午未申酉戌亥九時順數。寅丑子三時逆數。此爲安月度之法。今可不用。

十干化曜配六神定例表（以年干直取）

六神／年干	天官	七煞	正財	偏財	正印	梟神	傷官	食神	劫財	比肩
甲	炁	水	月	土	羅	計	金	木	孛	火
乙	水	炁	土	月	計	羅	木	金	火	孛

丙	丁	戊	己	庚	辛	壬	癸
羅	計	孛	火	金	木	月	土
計	羅	火	孛	木	金	土	月
炁	水	羅	計	孛	火	金	木
水	炁	計	羅	火	孛	木	金
孛	火	金	木	月	土	炁	水
火	孛	木	金	土	月	水	炁
月	土	炁	水	羅	計	孛	火
土	月	水	炁	計	羅	火	孛
金	木	月	土	炁	水	羅	計
木	金	土	月	水	炁	計	羅

（註）天官即天印。七煞即天刑。正財即天貴。偏財即天蔭。正印即天權。梟神即天囚。傷官即天耗。食神即

天福。刼財卽天暗。比肩卽天祿也。十干化曜。卽甲干化火曜。乙干化孛曜之類。見前干化曜例。如甲年生人。見炁爲天官。炁爲辛。辛卽甲之天官。見水爲七煞。水爲庚。庚卽甲之七煞。餘類推。

按年分度例

十二宮行年度數。如十年十五年。每年行若干度。極易分晰。惟七年八年十一年不易分晰。須逐年扣算。列年分例如次。

七年　每月行二十一分零。（每度六十分。）兩個月零二十四日行一度。

一年該四度十七分有奇。二年該八度三十四分有奇。三年

該十二度五十一分有奇。四年該十七度八分有奇。五年該
二十一度二十五分有奇。六年該二十五度四十二分有奇。
七年該三十度正。

八年　每月行十九分缺　三個月零六日行一度。
一年該三度四十五分。二年該七度三十分。三年該十一度
十五分。四年該十五度。五年該十八度四十五分。六年該
二十二度三十分。七年該二十六度十五分。八年該三十度
正。

十一年　每月行十三分零。四個月十二日行一度。
一年該二度四十三分有奇。二年該五度二十七分有奇。三
年該八度十分有奇。四年該十度五十四分有奇。五年該十

三度三十八分有奇。六年該十六度二十一分有奇。七年該十九度五分有奇。八年該二十一度四十九分有奇。九年該二十四度三十二分有奇。十年該二十七度十六分有奇。十一年該三十度正。

天官重要星例

（甲）以年干橫取

星名＼年干	甲	乙	丙	丁	戊	己	庚	辛	壬	癸
文星	羅	計	金	火	金	炁	木	土	日	月
魁星	月	日	羅	計	火	金	水	孛	炁	木
科名	木	木	火	火	土	土	金	金	水	水
嗣星	月	水	炁	計	羅	火	孛	木	金	土

（乙）以年支橫取

年支／星名	子	丑	寅	卯	辰	巳	午	未	申	酉	戌	亥
爵星	土	水	土	炁	孛	木	水	火	土	金	金	火
產星	金	水	木	火	金	水	木	火	金	水	木	火
血支	木	土	土	木	火	金	水	日	月	水	金	火
血忌	日	土	土	月	木	水	火	金	金	火	水	木
紅鸞	卯	寅	丑	子	亥	戌	酉	申	未	午	巳	辰
天喜	酉	申	未	午	巳	辰	卯	寅	丑	子	亥	戌
血刃	戌	酉	申	未	午	巳	辰	卯	寅	丑	子	亥
飛廉	申	酉	戌	巳	午	未	寅	卯	辰	亥	子	丑

祿元

如甲祿在寅。寅亥屬木。即以木為祿元。又乙祿在卯。卯戌屬火。即以火爲祿元。餘類推。

馬元　即驛馬宮主。如寅午戌馬在申。巳申屬水。即以水爲寅午戌生人之馬元。餘類推。

仁元　即以十干正五行推之。如甲乙生人。以木爲仁元。丙丁生人。以火爲仁元。亦即科名星也。

壽元　以生年納音。如甲子年納音屬金。即以金爲壽元。

令元　以月建支神屬何正五行。如戌月生人。土爲令元。

月分吉凶星例（以月分橫取）

月分／星名	正	二	三	四	五	六	七	八	九	十	十一	十二
注受	子	亥	戌	酉	戌	亥	子	丑	寅	卯	寅	卯

值難	日	日	月	月	火	羅	水	孛	木	炁	金	金
月符	午	未	申	酉	戌	亥	子	丑	寅	卯	辰	巳
月廉	申	酉	戌	亥	子	丑	寅	卯	辰	巳	午	未
月殺	戌	巳	午	未	寅	卯	辰	亥	子	丑	申	酉
天耗	子	寅	辰	午	申	戌	子	寅	辰	午	申	戌
地耗	酉	亥	丑	卯	巳	未	酉	亥	丑	卯	巳	未

駕前神煞歌

歲駕劍鋒伏屍寄。二爲天空仍可畏。喪門地雌孝服來。四爲貫索勾神慮。官符五鬼及飛符。死符小耗月德具。歲破闌干大耗併。八爲暴敗天厄至。九是白虎卯天雄。天德絞殺卷舌忌。十一吊客與天狗。十二病符陌越位。（俗謂一太歲。二太陽。三喪門。四太陰。五五鬼。六月德。七歲破。八龍德。九白虎。十天德。十一吊客。十二病符。即本於此。但僅以單數爲凶。偶數爲吉。則非。）

星盤應用各種神煞例

天雄地雌　天雄即白虎。地雌即喪門。歲駕前三宮爲地雌。九宮爲天雄。又云地雌對沖爲天雄。忌見祿主。

年符　即五鬼。亦曰官符。年支順數第五位是。身命忌臨。

天狗吊客　年支順數第十一位。

大耗小耗　駕前六位爲小耗。七位爲大耗。忌身命田宅。

歲駕　即生年支。亦曰劍鋒。吉星登駕則吉。凶星登駕則凶。

歲殿　以歲駕起甲順數至生年干是。如壬申生人。以申宮起甲順數至壬即辰。以辰宮爲歲殿。

唐符　即飛刃。陰陽二刃對冲之宮即是。

國印　即以干祿三合之辰戌丑未是。如壬生人。以亥爲祿。即以亥卯未三合之未爲國印。

的殺　子午卯酉見巳。寅申巳亥見酉。辰戌丑未見丑。亦曰破碎煞。

咸池　亦曰桃花煞。申子辰見酉。寅午戌見卯。巳酉丑見午。亥卯未見子。

孤辰寡宿　寅卯辰怕巳丑。巳午未怕申辰。申酉戌怕亥未。亥子丑怕寅戌。

劫殺　申子辰見巳。寅午戌見亥。巳酉丑見寅。亥卯未見申。

亡神　即劫殺之對沖宮是。

驛馬　申子辰在寅。寅午戌在申。巳酉丑在亥。亥卯未在巳。

以上各神煞。已詳載星宗六甲值年圖中。可隨時檢用。

天元祿　以虎順命何干化曜是。如壬生人。午宮立命。用五虎遁丁壬起壬寅。順數至午宮得丙干。丙化曜為木。木即為天元祿。

地元祿　以卦逆命何干所屬五行是。如壬生人。午立命。以壬甲從乾。卽於亥宮起壬。逆數至命宮午位。得丁干爲火是。

附卦氣歌曰。壬甲從乾數。（亥）乙癸向坤求。（申）丙在艮上立。（寅）丁出兌家留。（酉）戊從坎處覓。（子）己用離爲頭。（午）庚居震爲定。（卯）辛在巽方遊。（巳）

人元祿　以虎順官（卽官祿宮。）何干受尅所屬五行是。如壬生人。午立命。以丁壬起壬寅。順數至官祿酉宮。得己干。己爲土。取木尅土。卽以木爲人元祿是。

天經　以虎順命何干所屬五行是。如壬生人。午宮命。遁至午宮為丙午。丙為火。即以火為天經。

地緯　以虎順命支神所屬五行是。如前午宮。午支屬火。即以火為地緯。

天馬　以虎順官何干祿支所屬五行是。如壬生人。午宮命。以虎遁至官祿酉宮。為己酉。丁己祿在午。即以午火為天馬。

地驛　以官馬支神所屬五行是。如前官祿為己酉。巳酉丑馬在亥。即以亥水為地驛。

職元　以卦順命何干化曜是。如壬生人。午宮命。以壬甲從乾。即從亥起壬。順數至命宮午為己。己化曜為月。即以月為職元。

局元　以職干合何干化曜是。如前職元己。以甲合己。即以甲化曜火為局元。

卦氣　以卦逆晝日夜月何干祿宮是。如壬生人。夜生。月在午。（申至丑時為夜。寅至未時為晝。）以壬甲從乾。即從亥位起壬。逆數至午。得丁干。丁己祿在午。即以午宮為卦氣。

斗杓　以戌時加月建。順數至生時。落於某宮是。如壬生人。在戌月建丑時生。即以戌加戌月。順數至生時丑為丑宮。即以丑為斗杓。

以上各星宮。於星盤均關重要。須依法推求而得。

珍倣宋版印

星度指南卷上

上虞曹仁麟著

第二篇　星盤總法

天官五星之學。以星曜化十干。就其六神生尅宜忌之理觀之。與子平法頗相脗合。第星度互躔。所關命理尤切。不明經絡貫串飛來鈎起之法。則生尅宜忌。亦無從參證。故治斯學者。必須先知星盤起法。然後按宮所飛政餘。究其項躔相互關涉。以論吉凶。庶無差忒也。

星盤起法及看斷要略

（一）先畫十二宮定盤。自中心至外周。分為九層。以中心爲第一層。外周爲第九層。茲以丙戌命爲例。（見第七篇。）即將周天分野塡於第九層。再查生年最近之量天尺。（如同治生用同治尺。光緒生用光緒尺。）照周天三百六十度二十八宿所在度數。按尺塡入。其初度以圈記之。并於度上標明何宿。如盤式第五六兩層。

（二）查七政四餘曆。如丙戌命所得政餘。爲日氐初度。月虛二度。木角初度。火尾七度。金參二度。土井十七度。水心初度。炁張十一度。孛危三度。羅危一度。計星七度。按曆分塡十二宮訖。再依天官法。將各星值年化曜。（即比食財官印。）標於各星上。如丙戌命。丙年生。天印天官羅。天刑七煞計。天貴正財炁。天蔭偏財水。天權正卯孛。天囚梟神火。天耗傷官月。天福食神土。天暗刼財金。天祿比肩木是。又如魁星文星爵星科名壽元等星。亦關重要。幷附標於各星之上。如羅掌天官。又掌魁星。即將羅星之天官魁星並列之。如盤式第三層●

(三)安命度。如丙戌命。日躔氐初度在卯宮。立命在辰宮。看辰宮何度與日同絡。即爲命度。今同絡之度。係軫四度。即爲命度。軫爲水。即以水爲命度主也。(同絡之度。即量天尺中。卯宮氐初度與辰宮直行相貫串之度即是。查量天尺串度表便知。)即將命度。填於中心第一層。

（四）排十二宮。如丙戌命。辰為命宮。逆行卯為財帛。寅為兄弟。丑為田宅。子為男女。亥為奴僕。戌為妻妾。酉為疾厄。申為遷移。未為官祿。午為福德。巳為相貌。並於命宮起初一。以次相貌福德等宮。標明行限之年歲。如盤式第四層。

（五）起大限法。（與子平法全異。）如丙戌命。是年十月十一日寅時生。查曆書逆尋至霜降中氣止。（凡命均逆尋至中氣止。其有遇節者。仍向前逆尋。直至中氣乃止。故自生日逆尋中氣。其間至少歷一日。多則三十日不等。又加起限十歲。此十歲凡命均須加算。故起限少則十一歲。多則二十歲為止。書曰命宮十五。蓋言折中之數。其他相貌等宮。乃爲確定之數也。）計歷十三日四時。折爲四歲尚多一百六十日。（三日爲一歲。與子平法同）又加起限十歲。合爲十四歲多一百六十日。或作十五歲欠二百日亦可。按日扣算。應於辛丑年三月二十一日上限。凡上限均以相貌宮起。按書所定相貌十年。福德十一年。官祿十五年。遷移八年。疾厄七年。妻妾十一年。依次註明起限之年月日。如盤式第七層。

（六）以生年納音起四長生法。如丙戌命。納音爲土。水土長生在申。即以申宮起長生。順行酉宮爲沐浴。戌宮爲冠帶。餘臨官帝旺衰病死墓絕胎養。依次分填各宮。又將果老星宗六甲值年圖。按生年各神煞。分填於各宮。如盤式第八層。以上六點爲星盤佈式之法。明乎此。然後可以演命。

（七）塡量天尺串度表。按生年最近之尺。（此尺載在七政四餘曆。可檢用。）列一周天十二宮表。（見第七篇。）將各星按宮按度飛入尺內。並將起限後各年歲。依法逐年分寫於行度之上。如相貌宮三十度。分作十一年。官祿宮三十度。分作十五年。每歲應占若干度。必須勻分準確。以便檢查。

（八）安月度法。（按係古法。今不用亦可。）照星宗晨昏度法安之。如丙戌命月躔子宮虛二度。實躔女八度是。

（九）將量天尺與命度之同經各度。或同絡之度。用朱筆扦出。以明何星與此經絡有關會。（如有吉凶星在此經絡度上。卽爲有關會。）另將日月金木水火土七政。原盤所掌化曜爲何。（限度休咎。專重化曜。）宮主度主爲何。（古以每宮中十五度爲正垣。論宮主。餘度爲偏垣。論度主。今宮度已差。但論度主可也。）重要神煞爲何。分別標明。位於盤之左右上方。以便審察現行之度。所主係何化曜神煞。及何宮主。應何事何物之用。判其吉凶。

（十）凡原盤本宮及行限之宮。先看何吉凶星入其宮占本度上。（爲明頂。）次看對宮三方四正。（四正較泛。

）有何吉凶星暗加其上。能對度親切。所關尤大。（爲暗項。）此以本宮本限爲體。看各吉凶星飛來。（在本宮本限爲飛來）釣起（在對照三方爲釣起。）爲用之法也。又看原盤宮度主星飛出別宮。其所入之宮。所躔之度。與何吉凶星同宮同度。所躔何物。以別吉凶。質言之。即以原盤行限之主星爲星。（亦曰緯。）看其所躔何度。所居何宮。爲吉爲凶。又看原盤此主星之四同經度上。有何吉凶星。所屬何物。以別吉凶。此又以主星爲度。（亦曰經。）看其所項何星。如此反覆。看此星原盤經緯所關之吉凶星如何。以斷原盤及行限之吉凶。又四同經度最相親切。本度上有星。當論此星之吉凶。

如無星。卽四同經之度所頂之星。亦關應驗。如羅爲財。原盤在奎木度上。現行井斗角同經之度。亦爲得財之應。

（十一）再看流太歲之支。與本限及他宮。（對照三合爲緊。）有無塡沖鈞合。如塡起吉星之宮則吉。鈞起凶星之宮則凶。流太歲之塡鈞。爲看限度之大關鍵。蓋度因太歲塡沖而𢑱動也。又如原流太歲之貴人祿馬刃刦雄雌大小耗各宮。看其是否合限。原流太歲所掌各煞之星。看其有無佔在現行度上。及對沖三合對度上。其現行之度。是否爲原流太歲各煞所掌之度。均宜一一詳參。

（十二）再看現行之度。屬何化曜及何宮所主。并原流太歲所掌何神煞。卽斷其爲何事所主吉凶。但如彼旺此衰。則利彼而不利此。如財爲水度。原盤水本高强。又無尅制。固主得財。然亦須活論。旺而生者。則應所生。（如水旺生木。木爲官星。則言并應得官。）旺而尅者。則應所尅。（如水旺尅火。火爲妻星。則言因得財而喪妻。餘類推。）如不旺。則又當別論。

（十三）推月限之法。應以小限宮中起生月。按月逆尋。某月應在某宮。看原盤某宮及三方對照。有何星居此數宮內。卽查此星屬何化曜及何宮主。并查原流太歲所掌係何神煞。（原太歲視原盤所推之圖。流太歲查星宗按年六甲神煞圖。但流太歲所掌神煞。較切於原太歲。）

則此月限星吉應吉。星凶應凶也。

釋經絡貫串守冲關拱八法

經者。七政之四同經度也。如日有四日度。爲房虛昴星。月有四月度。爲心危畢張。木有四木度。爲角斗奎井。火有四火度。爲尾室觜翼。土有四土度。爲氐女胃柳。金有四金度。爲亢牛婁鬼。水有四水度。爲箕壁參軫。假如命主躔星日。吉星躔房虛昴。爲同經。雖在隔宮。在天同爲一氣。應無不利。反是而爲凶曜。害亦如之。餘類推。絡者。對度相通也。即對冲三合二弦六合之謂。而兼及三十度一百五十度。所以立度。即此道也。一氣相通。最爲親切。假如子宮安命躔斗二十一度。吉星躔箕初。氐十六。

角八。翼八。星四。井二十六。參七。昴二。奎九。室八。虛八。雖不同宮。却與斗二十一度相通。故曰絡。（即所用量天尺同行相貫串之度。）每宮一度。貫通十二度是也。貫者。命主與吉星同躔在一度也。假如命主躔星日五度。吉星亦躔星日五度是也。串者。命度主前後三度也。假如安命子垣躔虛日四度。吉星躔虛日一二三度。並五六七度是也。守者。本宮正照也。假如命立寅宮。吉星亦在寅宮。（同度更佳。）沖者。對宮沖照也。假如命立卯宮。吉星在酉宮。（對度更佳。）關者。四正穿照也。假如命立子宮。吉星在卯酉。（絡度更佳。）不言午者。爲沖照也。拱者也。三方鈎照也。假如命立午宮。吉星在寅戌（

絡度更佳。）是也。

又按乾元祕旨云。貫者。他星與命與度共爲一星也。如命與度是火。他星卽火之類。吉星自亨。凶星自塞。串者。在立命立度之度也。如命是木。他星卽躔角斗奎井。度是角。他星卽躔角斗奎井之類是。此外尚有拱夾攔截。卽兩星拱夾命主。及計羅攔出一星。吉者自吉。凶者自凶。填者。卽八字之四柱中有子丑。吉凶星在子丑。有戌亥。吉凶星在戌亥之類是。

看命主及限度要法

先看命坐何宮。假如命坐巳申宮屬水。（此以宮主爲例。若論度主爲尤切。）須看四水躔何物。（謂居我度之星。

爲尅爲生。或凶或吉。幷何化曜及何宮主。）此以水爲度。看頂何星。又看水起在何宮何度。幷與何物同躔。此以水爲星。看躔何度。如水命躔土。須看土爲何物。所起之宮。是否居强坐實。及是否以輕易重。（如命入財垣。爲以輕易重。命入閑宮。爲以重易輕。）又是否居祿貴長生之地。所占之度。是否登殿廟旺。（如水占水度。及水居巳申二宮之類。）與我同經之物。是否化曜所掌財官文魁等星。抑或刑囚暗耗等星幷刃雄等煞。又看土起在何宮何度。（如吉星或恩用等星。則喜其居强坐實。凶難等星則反是。但恩難之星所躔被尅制。則亦不能爲喜忌也。）又看子丑二土宮何物。（看此二宮所掌何神煞。）若論限度亦如之。假如行水度。先看水孛起於何宮何度。（此卽以水爲星。看躔何度。）與何物同宮同度。次看四水何物同躔。（此卽以水爲度。看頂何星。）又看三水宮何物。（看此三宮所掌何神煞。以斷限度所主之事。）又看太歲沖鉤拱合。便以是年何事發動論之。（流歲沖鉤本限及三合對照頂度之星。均主應驗甚速。）又看流年何星到限。如無星卽以原守坐何宮度者應驗。如羅坐奎。限行井斗角是也。（按如羅爲財星到限。當言得財。如無星。卽但看其度。原盤羅坐奎木度。限行井斗角爲奎同經之度。亦當言得財也。）

總之凡看命主度主限度。均須兼星度二者同參。如上述命主度主爲水。先以水爲星。看躔何度。復以水爲度。看頂何星。星即緯也。度即經也。明於經緯頂躔之法。參以生尅喜忌之理。以論命限吉凶。再以流太歲之填冲鈞合。以斷本限吉凶事物之發動。則蔑不中矣。

星盤十二宮及行限看斷總法結論

凡看命。先看何吉凶星與命度之經絡相關。爲最緊要。此爲看經絡第一法。如無吉凶星與經絡相關。再看本宮有何吉凶星入其宮。曰飛來。如此星正頂度上爲明頂。又看對宮三方有何吉凶星入其宮。曰鈞起。如此星正頂度上爲暗頂。凡明頂暗頂均與命爲最有關會。此爲看飛鈞第二法。又以主星（命主星應論度主。即他宮主星。亦應與命度同絡之度。爲其度主。尤切。）起泊何宮爲星。看其所躔何度。（凡與此度之四同經度上所頂之星。與此星亦最親切。）再以此主星爲度。看其所頂何星。以別吉凶。此爲看經緯第三法。（經卽度也。緯卽星也。看經緯生尅喜忌之關係。正五行論生尅。化曜六神論喜忌。）以上星或度三種看法。尤須先論化曜六神。（卽比食財官印。）次論十二宮主所屬。再參原流太歲此星此度所掌神煞。以定何事何物。爲吉爲凶。又此星此度。原盤經絡頂躔之關係。宮度之强弱旺衰。以及五行化曜之生尅喜忌。均須詳細查看。在靜盤本宮。定十二宮主之休咎。在行限。斷六親事物之應驗。此其大要也。

凡推行限之法。以流太歲關係爲最重。看本限是否合流太歲之祿馬貴人刃刼雌雄大小耗之宮。（內以二刃雌雄爲緊。）原太歲所掌神煞。亦須同參。又看原流太歲所掌神煞之星。有無占此限度。及對冲三合對宮。有何吉凶星。（頂度尤切）並其行度是否合原流太歲所掌各神煞。至論應驗之法。尤以流太歲之支。與本限宮及對冲三合宮之星。有無塡冲釣合爲準。緣度因太歲冲釣而彌動。其初入度及將出度之時。尤與尋常不同。故釣起吉星之宮。則吉事速應。冲起凶星之宮。則凶事亦速至也。

又行限上有星。及對冲三合之宮幷同絡度上有星。加以流太歲冲釣。固爲此吉凶星之應。卽此限度之四同經度。原盤如有星占其度上。加以流太歲沖鈎。亦為此星吉凶之應。因四經度在天同為一氣。最為親切故也。

若推月限之法。看本月限所值之宮。及對沖三合之宮。有何星守照。即以此星所屬化曜六神。及十二宮主所屬。並原流太歲所掌何神煞（流太歲為重）之吉凶論之。

以上所列看斷總法。為參酌各家專書。取其最精最確之看法。作一結論。以便臨看時。得此綱領。較易著手。未可目為泛說而忽視之也。

看斷詳參備要

命主總宜得時。（如春以木為命主。宮主度主同論。）得地（如升殿入垣之類。）得宮。（在長生祿貴之鄉。）得度。（躔在吉度。如官躔財度。財躔傷度之類。）尤須朝陽（太陽。）近吉。（吉星。）或作陽引。（在前曰引。）或作陽從。（在後曰從。）或有吉神引。或有吉神從。皆主富貴。若凶神引從。便以禍論。如吉凶均不引從。則專看命度之經絡貫串等矣。（如命軫四度。有吉星坐其度上。或在箕畢參與軫四同經度上是。）即命主飛出別宮頂躔之處。與吉星經絡相貫者亦同。又立命之宮。除吉星填沖守鈞四法外。其命主尚有拱夾攔截四法。拱夾喜日月或官魁拱夾。攔截指計羅或日月攔出之星。以判吉凶。吉星自吉。凶星自凶。

又命主與吉凶星互相頂躔。如命屬官而頂躔財。命屬財而頂躔食傷皆吉。（頂者。以命爲度。有吉星頂其度上。躔者。以命爲星。而躔在吉星度上。）但雖命不屬財官。祇須與太陽或財官星互相躔頂。亦爲貴格。

凡看命固宜先論十干化曜之六神。（卽比食財官印。）而神煞亦須兼看。如財官吉矣。而財官或化刃劫的耗。未可作全吉論。又政餘所屬五行生尅亦須辨別。如官躔財度。而官爲火星。財屬水曜。則爲相尅。亦非全吉。但如財爲命主。或壽元星。則所謂星照本家。不爲忌也。

田財官福等主星。又化財官。而頂躔吉星。則吉者愈吉。再能與命度同經同絡爲尤吉。又凡化曜吉如財官等。則忌其合。（如戊癸甲己相合是。）凶如煞梟等則喜其合。何謂合。如官在子宮。而與官化合之星亦在子宮。對宮亦然。或與官同經同絡之類皆是。

十二宮皆要詳參。先看其宮。有何吉星飛來。三方四正及對宮有何吉星鈞起。並本宮坐處。是否旺祿或長生貴人祿馬殿駕之鄉。後看其主星飛出別宮。是否居强坐實。有無吉凶星相伴。並兼看其主其度與吉凶星之經絡貫串。

凡宮爲祖。起星爲己。各宮好主起不好。非爲全吉。若五星本壞。將四餘代用。但吉凶則減半論矣。

凡仇難之星爲凶。恩貴之星爲吉。若守身守命。須分前後。凶星在前曰背我。背則無憂。在後曰向我。向則必凶。吉星反是。（星逆行而限順尋。若論行限上之星。則在前爲向。在後爲背。）又仇難星宜居衰弱。而我宜居強盛。反此須賴母子二星以援。在本宮及對關加合。以生以救可也。

凡星在對宮曰對照。在三方曰拱照。在四正曰關照。皆爲釣起。原守本宮曰飛來。釣吉則吉。飛凶則凶。故推流年行限。及身命官福田財妻子。皆宜察其本宮與對拱關三照之吉凶星如何。以論休咎。此以吉凶加合。言其大概。若斷富貴窮通之究竟。非詳參吉凶星與本主之經絡貫串不可。

凡行限。總以大限行某度。本宮三方四正對宮遇某星爲主。有煞刃者。遇太歲必傷。（必以本年太歲與行限。及三方對宮填沖釣合。方驗。）無煞刃者。雖凶不死。行限在刃度。若頂難星。爲刃中帶殺。大凶。原度無難。流難尅之。主破財。行限遇刃尅我度主。亦凶。總之限度之主星。必看當生之强弱。然後以流年之神煞飛沖鈎合參看。庶萬無一失。

行限只看限行至何度爲率。如限行四土度。則看原盤土起得何經。或土起逢生。（如土躔尾室翼觜四火度。或卯戌二火宮。）或土起值尅。（如土躔角斗奎井四木度。或居寅亥二木宮）逢生者吉。值尅者凶。又有限主互躔尅彼限主互躔生他。尅彼者爲力損。生他者爲泄氣。若限行至尅彼生他之度。皆無益於我。如行限主入垣升殿。則又無所不利矣。且如命立子宮。以土爲主。（此以宮主爲例。

若論度主尤切。）限行斗二入寅。爲四角之宮。（由丑入寅爲轉角。餘倣此。）又値難宮難度。（木尅土爲難。）必然不好。若申上井七度。（對宮對度。）戌上胃二度。午上張十四度（三合對度。）以上各宮頂度處。如有木星在此度上。（爲暗頂。）或有木星正坐斗二度內。（爲明頂。）重則必死。輕則刑尅。在男女申宮合來。應主尅子。在戌兄弟宮合來。定尅兄弟。在午妻宮合來。必尅妻。此乃一定之理。倘木難與太陽有關必尅父。與太陰有關必尅母也。論命固當星度互斷。行限又須星度詳參。倘財至此度而旺。子至此度而衰。未必得利而不失子。爵至此度而晦。子至此度而顯。未必不憂其官而喜其子。當活看。

（財子爵等星。均指十二宮所主之星爲例。若兼化曜爲尤切。）如巳命辰金是財。丑土是子。申水是官。行限遇土。先以得子一事言也。如土生旺。得兒之後。敗官立見。（謂土旺尅水。）倘土衰。得子且緩。安見生尅。是以行限當究度屬何物。以五行衰旺生尅之理而詳參之。又如弄璋隨名繼至。定知文度原是子恩。（行限遇文星當貴。但子又待文生之。故云繼至。）凶災因妻帶來。須曉妻主即是殺曜。（行限遇妻言得妻。但妻主尅命。故云凶災因妻帶來。）限逢柳。巳命斷難必須先斷財。（柳土尅巳水爲難。但財帛在辰屬金。受柳土之生。故先斷財。）度逢氐。丑命言貴更當先言利。（丑命以辰宮爲官祿。受氐土之生。故言貴。子宮爲財帛。行土度。故先言利也。）臨危遺腹。蓋因命申遇土於胃。（土於胃。難星高強。命主被尅。然申命以辰宮爲子。金得旺土生之。故主遺腹。）至凶取利。又是子命遇木於斗。（木於斗。難星尅主至凶。然財帛在亥宮屬木。故言取利。）又如水躔水度。午命之得財也。（午命以巳宮爲財帛。）若非一萬。必有一千。（水數一。）金蹤金宿。申命之養子也。（申命以辰宮爲男女。）倘非有四。必須有二。（金數四。減半爲二。）季土倘逢戌奎。難以二一事而談。（土命限行戌奎爲難。但季土得時旺。故無二一事可談。）冬水再逢辰亢。又有四端可議。（冬水正旺。限行辰亢受生。故有四端可議。）木屬子而躔鬼限。到此尅子只須一事。（木屬子。逢金受尅。不復有生之事。故云一事。）金爲財而演女度。遇之生財亦無兩端。（金爲財。女土生之。無轉生轉尅之理。故云無兩端。）然星坐度。依此可斷。而吊星（謂三方四正對照之星。）亦當言之。於是始尊太歲。到此始看年神。沖鈞照合。當隨宮分所主而斷之也。（本度無星。須察流年何支。與何宮吉凶星鈞合。以對宮三合爲緊。遇吉言吉。遇凶言凶。並隨宮分所主而斷。如由男女宮合來。吉者爲言得子。凶者爲言尅子。餘倣此推之。）

星度指南卷上

上虞曹仁麟著

第三篇　名論選輯

諸星近太陽則遲。三方見日則留。與日同行則伏。與日對照則逆。經云推遲留。考伏逆。不可不知。

命主總宜得時得地。（如升殿入垣之類。）尤須朝陽近吉。或作陽引。或作陽從。或有吉神引。或有吉神從。皆主貴顯。若凶神引從。便以禍論。如吉凶均不引從。則專看度主之經絡貫串等矣。

經絡貫串。指凡吉星與命主所躔之度。或與命度相關涉而言。填冲守鈞。指凡吉星與命宮關涉而言。拱夾攔截。則專指吉星與命主關涉而言。又拱夾。喜日月官魁拱夾命主。攔截。謂計羅或日月攔出之星。吉者自吉。凶者自凶。天官與他星化合。則不成官。如丙用羅（癸）官。與土（戊）食相關涉。（謂兩星經絡貫串守冲關拱相關涉。）則合官矣。

凡行傷官度發者。其當生原盤。非傷官在正財度。即正財在傷官度。財傷互躔。行傷度勝於行財官。

七煞只忌混官。然爲魁爲文爲科。或朝陽近吉。行煞度皆作吉論。

正財陽年不可遇元祿。陰年不可遇偏印。則貪合忘生。

偏印能制食神。使七煞無忌憚。其害最大。故天官忌見之。且又洩天官之氣。

刼財爲十曜中最惡之星。與日月有關。行刼度尅父母。與兄弟妻子主星有關。則行刼度尅兄弟妻子。雖不行刼度。但逢刼頂度。皆主災耗。

官福財帛田宅兄弟妻子。皆宜得時得地。或日月或吉曜拱夾爲美。財帛田宅主星。須與命主有關會。凡言財言官。當取十干化曜天官正財二星。與命或度有關會。方能有准。

限度總須察其與當生何吉星有關會。何凶星有關會。當生吉星滿用。（此星又合財官恩貴諸吉。爲滿用。）主行此星之度之年。定許榮華。當生凶神有力。主行此星之度之年。立見凋落。原吉凶星頂度。又當以情之輕重。分禍福之大小。又度因太歲填沖釣合而彌動。（原盤某宮有吉凶星。遇流年填之沖之釣之則彌動。而應驗尤著。）其初入度將出度之時。尤與尋常不同。

剋度有三。一受尅。（如金躔木。或木躔金。現行金木度。）二奴欺。（如水孛同經或同宮。現行水度。又如行木度。當生木登木殿。遇流炁來剋。所謂主旺則竊也。）三洩氣。（如木躔火度。現行火度。）既是剋度。雖係天官。亦主任中升擢而亡。或得之亦不能久。命主所泊之度。尤怕剋破。尅爲最重。奴次之。洩又次之。然亦須因時度令。若主星得令。又無刃煞凶曜併沓。不剋也。
凡在童限中。應將所主之度。逐年挨查。如度是木。木原與日通。童限中卽剋父。度是土。土原與月通。童限中卽剋母。度是吉氣所鍾。童限中卽發。度是凶星所會。童限中卽亡。

木月生春夏之際。十四五六之夜。酉戌亥子之時。寅卯亥未之宮。正月朗花容。爲木月清翠。秋夜得之。爲月中丹桂。至若冬木既衰。生在望前後而無煞混。爲木月清賞。非望時。卽以木死做陰論。

孛乃水之餘。遇望逢月。爲太乙抱蟾。望末朔初。則爲太乙抱兔。

凡難星尅命。不可便斷爲凶。假如命立子垣。其中十五度爲正垣。（古以每宮生肖所屬居中十五度者爲正垣。如亢金龍。房日兔。尾火虎。牛金牛。虛日鼠。室火猪。婁金狗。昴日雞。觜火猴。鬼金羊。星日馬。翼火蛇等宿度。皆爲正垣。餘爲偏垣。正垣論宮主。偏垣論度主。今宿度既差。不復以十二生肖爲正也。）若木星飛入命宮。頂躔度主。乃係財來尅命。（財帛宮在亥。以木爲主。）反爲上格。主巨富。不以木打寶瓶論。故曰財福不忌尅命。凡一切難星化官魁頂度者。當主貴顯。化天廕（偏財。）生官（正財。）頂度者。當主財豐。又傷官生財。會度主。無破局。多發科甲。如難星作難尅命。當爲凶斷。十二宮命。依此斷之。

正偏財二星併頂命度者。多有富而不貴。蓋二母不生一子。二恩不爲恩之義也。

天官鈞月貫陽。本爲貴格。若陽討陰羅。晝夜晦蝕。是陰陽已不得其用。又何鈞貫之可言。果老云。彼無力。我何藉。

土以掩月爲忌。然如土爲官祿。更化天官文魁等星。頂尅身主。（月爲身主。）富貴兩全。若化奴僕兄弟刃傷。豈宜伴月。

十二宮皆要詳看。先看其宮。後看其主。凡宮爲祖。起星爲己。且如田宅宮。忌破空刼耗守之。若起星居高。無祖業。自創成。若宮好主起不好。雖有田宅。不能受用。革故鼎新方可。若五星本壞。將四餘代用。主宅屋不新。餘可類推。

立命既定。更看晝生夜生。晝生人。要太陽在寅卯辰巳上。方應朝陽向明之格。不要火金孛月羅照命。夜生人。要太陰臨照。不要土木日炁照命。名曰五殘星。皆主貧賤。多憂少樂。一生成敗。

命度主化生官正財而頂傷官爲貴格。或身主化天官而頂正財亦是。但忌偏財同頂。爲一毋不生二子。乃中富不貴之格。若偏財只會合不頂者。亦爲貴格。又如度主是偏財。而傷官頂正財。亦是破格。若命度主會天官。則以天官之格爲重。會文魁。則以文魁之格爲重。此三格中。得一格無破。便是貴格命。天官逢傷官。須得財化解。若偏正之財雙頂天官。乃二恩不爲恩。若二星拱合對照不頂者。主貴。

餘奴犯主。主必無光。得侍君行。奴爲我用。謂凡餘奴犯主。必逢太陽解救。若無太陽。便作無光論矣。

天官若躔傷度。逢生（生官財星也。）猶榮。如丙生人。羅爲天官。遇炁能生羅也。壬生人。月爲天官。逢金爲恩星也。又如乙生人。水爲天官遇土。土終能尅水。戊生人。孛爲天官逢羅。羅未免戰孛。癸生人。土爲天官逢木。木終能制土。故逢土（正財。）不若逢月。（偏財。）遇木不若逢金。此又生尅之妙機也。（按化曜六神相生固佳。然政餘之生尅。亦須兼論。但雜星而兼文魁科者。則亦不失爲美也。）

傷官如入命宮。格高反貴。如甲生人。炁爲天官。金爲傷官。如巳申安命。雖日傷官守命。然金爲巳申之恩。逢金反吉。乙生人。水爲天官。木爲傷官。如卯戌安命。雖日傷官守命。然木爲卯戌之恩。遇木反榮也。（按傷雖爲忌。然爲命主之恩則不忌。只要不與天官相關涉。倘再有生官入命。或與傷官相關涉。則爲全美之局矣。）

五星落空。有好惡不同。晝喜日空。夜喜月空。金空則鳴。火空則發。木空則折。水空則流。土空則崩。須分論之。

天元星即仁元。（如甲乙年木爲天元。）此星又名科名。最喜照官祿。若安身在天官魁度上者。流年限上遇之。主掇巍科。若此星在身命宮中守之。或是度主星。主聰明。生旺貴鄉尤美。

令元星（如月建寅卯屬木。木即爲令元。）若掌身命度主。主福壽。

命於日月所關至鉅。如安命在午。日在巳。月在未。爲陰陽夾命。日月在男女遷移夾拱有力。主有權柄。能卓立。（男女遷移兩宮。與命宮合照。）日午月子。日卯月酉。皆富貴命。月卯日酉。皆殘壞命。日居月度。月居日度。

皆反背。其人多庶出。火羅犯日。土計犯月。皆損害六親。逢朔爲日食。逢望爲月食。命在日月度。不夭卽盲啞之人。日月同在命宮。其人多貴。巳爲陽極。月不宜居。亥爲陰極。日不宜居。月巳妨母。日亥妨父。日月拱命拱主皆貴。拱田財必發富。拱遷移必外發。拱妻子必得賢妻子。拱疾厄必少疾病。日爲主躔木度。月爲主躔土度。皆失次也。至晝生忌火。夜生忌土。當活論之。

定命主之法。正垣論宮。偏垣論度。此爲最確切之論。所謂居中宮度深。卽以宮主而論。躔度淺。卽以度主而論也。（今宿度已變動。爲復偏正垣之別。但論度主可也。）

宮主度主。俱要得令健旺明朗。不宜混雜爲吉。如難星殺星宜空亡衰弱。交制降伏。乃無害也。

官祿主科名主天祿主三者。乃貴之原也。若得一星守命。順行向我。或生我。或爲身命主星。滿用輔陽。主貴。對照亦可。

卦祿斗杓三者。或併爲一星。或祿主居斗杓。或斗杓居祿位。或祿入卦宮。或卦入祿位。干係身命者貴。

天經地緯祿勳天福。謂之四吉星。以經緯二星爲重。若夾命夾身。不宜斗杓指破。

天耗地耗大耗小耗。及十干所化之耗。（即傷官。）併沓於命於身。必主貧苦。流年諸耗又併於限。必遭盜賊。加流刃。則遭官破財。

日月五星宜各得其所。乃富貴之原。如日午月未。水居巳申之類是也。身主命主度主壽元主。被惡曜所傷所夾。或居陷弱失經。必主貧夭。

尅仇等星。宜居衰弱。而我宜居强盛。反此須賴母子二星以援。在本宮及對關加合。以生以救。故曰木炁太甚。土計俱傷。若無火星。必主凶亡。又仇難之星爲凶。恩貴之星爲吉。若得守身守命。有凶有吉。須分前後。凶星在前日背我。背則無憂。在後日向我。向則必凶。吉星反是。

太陰好靜宜空。喜獨行。或在六甲空亡宮。則殺神不害。經云。太陰空而明照萬里。又日。月居閑極反爲祥。

火羅計孛乃凶星。然或生我。或化福祿。居善宮。未可便以凶論。无木金水乃善曜。然或尅我。或化刑囚。居惡宮。反爲凶論。故曰非凶之凶。凶莫救也。非吉之吉。吉莫量也。

命居田。田入命。命入財。財入命。官入命。命入官。福入命。命守福。所謂以輕易重。皆主富貴。又有閑（兄弟。）入命。命守閑。命入殺。（疾厄。）殺入命。命入奴。奴入命。所謂以重易輕。主貧賤。身主同論。

命主即坐處二十八宿之屬是也。身主即月是也。及太陰所躔之度亦是也。故度主是木。則以水爲恩。以金爲仇。若度主非木。則又別論。不可以命宮之主。泛論禍福。必無準驗。諸家以宮爲主。果老以度爲主。應以果老爲經。諸家爲緯。以度主爲先。宮主爲次。身主諸家皆爲緊要。所謂要知盈虛惟看月是也。果老兼身命度主并用。尤切。（按論宮。看其填冲守鈎。論度。看其經絡貫串。此爲不易之論。）

星辰在宮限之前曰向。在宮限之後曰背。在對宮曰相對。在三合曰關照。在前曰迎。在後曰送。又對照拱照關照。皆爲鈎起。原守本宮本垣。爲之飛來。鈎吉則吉。飛凶則凶。推流年星辰。用此應驗。即如身命官福田財妻子。亦宜驗其對照休咎何如。

人生始誕之時。月緯之度。最爲緊要。是以身主切於命主。而身度主尤切於身主也。故身所居之宮。自有貴賤可分。身主所屬之度。亦有賢愚之判。凡身度主居身命財田官福妻妾遷移之宮者上也。如身度主居兄弟男女奴僕疾厄相貌之宮者次之。謂宮有強弱之別。於是有貴賤之分。身度之主如升殿入垣。不值侵凌之曜。更爲救援資助星之勢盛者。必主光明正直。身有榮貴之象。若身度主受制。有餘氣代之。更有援星救之者。猶可望其榮貴。或身度主失度。退留遲弱。（身度主屬金木水火土者。有退留遲弱。查七政四餘曆便知。）又值凌犯之曜。救之者怯。必因之而下愚。福田由是而虧矣。大抵爵祿享榮達則在於身。故田財官福雖好。身星落陷。將何以承其福祿。

計羅截斷。宜觀漏出何星。漏蟾光。宜值夜。不宜殘晦。

弁無玷翳。又化福祿貴印爲上。如化刑囚暗耗者。（刑七煞。囚梟印。耗傷官。暗刼財。爲化曜之凶星。）減等。漏官星。值時令。不空陷。官居上品。漏福星。得時令。又化吉。享福最厚。漏命漏貴化福貴。乃堪財名。漏恩必得貤榮賞爵。漏殺有制無危。田財二星不可漏出。主虛花。

火燒牛角。（火入酉宮。）木打寶瓶。（木入子宮。）金騎人馬。（金入寅宮。）土埋雙女。（土入巳宮。）水泛白羊。（水入戌宮。）此五者。皆以星剋宮爲忌。若火木金土水爲納音壽元星。乃是自家星照本家。不以爲忌。又如命躔四日度。怕逢火羅。（謂火羅與日爭光。）納音屬火。反爲吉論。若丑甲生人。（丑生。以卯宮火羅掌地雌。甲生。以火羅掌陽刃。）非夭卽貧困之人。

又四木安命。金曜强健。則木危矣。若此者。必壞祖破家。縱木得地。（謂起星高强。）亦須先破後成。四火度命。宜木盛炁强。則壽堅福壯。木炁弱而火躔得所。只是清淡之士。（彼無力。我何藉。）火又弱失經（火居水度。）失次。（火入水宮。）只爲貧賤之人。餘准此。

天罡集曰。刃併天雄守星舍。則險處獲財。刼加地猾（卽陽刃併地雌。）或劍鋒。身命兩危必惡死。大小耗併。（併於刃宮。）盜刼身辱。死在囹圄。加金孛。（刃併金孛。）風流喪身。不併不可概論。（以上均指坐命宮言。）

又曰慈心敬順。善曜居命之鄉。猾然凶頑。惡星躔命之宮。刃在命必有疾。加天雄必破相。坐陽刃者性必橫。坐天雄者性必雄。

天經地緯拱夾不離者貴。（如辛卯生人。命立卯宮。木在寅。金在辰。金爲天經。木爲地緯。二星入垣夾拱得地。爲上格。不尅不沖不生不破。爲中格。拱夾破局失垣。爲下格。又忌斗杓指破。但經緯之星。四餘可代用。）又斗杓之地。安身立命。爲富貴之艮。（會祿貴長生臨生旺宮爲上。有刼刃耗的相刑爲下。嫌值經緯破局。）又卦氣在身命宮者主榮。（但刼刃雄雌拱夾命位。或天耗地耗守照身宮。反賤。）又唐符國印守命爲奇。（但落空亡之地爲忌。）又陰注陽受。身命守之。則可化凶爲吉。更兼吉曜。乃是名利之人。（注受爲善星。但坐咸池陽刃又值空亡。反致酒色亡身。）又天馬地驛。以歸垣入廟爲吉。遇貴祿者最妙。得長生旺相尤美。嫌值空亡。不宜天地耗休囚死絕。又忌刑戰刑沖。又天地人三元以爲官福之星或會命度之主。或遇田財會此之間皆美。當詳十干變曜。（如福蔭刑囚等。）并看升殿入垣。又壽元星居於命位。宜臨祿貴生旺之方。乃爲吉論。不雜者尤妙。官祿朝陽。以格局高強爲貴。若命元本弱。縱得官主朝陽。有何補焉。命主逢陽終富貴。安身傍母（恩星也。）必尊榮。九宮（遷移宮。）遇孛。終身漂泊無歸。十地（官祿宮。）逢羅。年少誇豪逞訟。馬臨官祿。出祖成家。祿在妻宮。因妻致富。男人命居子午。必强狠而專權。女人命立巽乾。必淫冶而誇色。不須輕用閑奴。（兄弟主奴僕主。不宜入財帛宮。財帛主亦不宜入兄弟奴僕宮。）此等當爲我用。（惟喜身命主坐財宮。）殺不宜真。（如土剋水。土又掌刃雄爲真。）真難磨滅。祿不宜破。（祿宮祿主。被惡殺侵占爲破。）破則貧寒。論刑（七煞。）必論殺。刑殺重而難當。論官必論魁。官魁顯而清貴。身命最喜入官。坐僕坐閑何所用。日月不宜夾殺。夾祿夾貴以爲榮。暗金可畏。若臨命夭折無疑。（春亢。夏鬼。秋婁。冬牛。爲暗金殺。不宜命坐此度。）殺火無情。若居殺凶惡難免。（火星掌殺。不宜居疾厄八殺宮。）日月若居華蓋。僧道流行。（辰戌丑未犯華蓋。不宜日月居之。）祿馬如陷空亡。巫醫術士。桃花帶合。（咸池星合命照命。）男女皆爲無禮之行。隔角逢孤。（四隅卦位之宮。謂之隔角。）縱有嗣續皆過房之子。面目傷殘。刑囚不宜傷相貌。（相貌主被刑囚所尅。）心神漂泊。水孛最忌入遷移。對照逢羅。婚姻反掌。五宮逢孛。男女虛花。二主臨財。財必豐厚。（身命二主或官福二主臨財位。）兩强戰尅。田宅動搖。（如孛計交戰。金羅相尅於田宅。）命卑閑健。兄弟有爭鬭之風。主弱奴强。奴婢有侵凌之患。太陽正照。諸殺罷戰鬭之鋒。孤月獨明。一世享康甯之福。金水會垣。水忌退於金後。日月合朔。月宜占於日前。計羅明朔望之嫌。火土分晝夜之忌。火羅夏會。多招哭泣之災。金水冬生。難免孤寒之嘆。木炁拱身夾命。必有壽而聰明。（但泊孤寡。主壽而孤。）金孛騎馬坐花。主無禮而淫蕩。計羅不宜犯殿。火金不可易垣。日陷奴宮終不利。月居閑極反爲祥。

星度指南卷下

上虞曹仁麟著

第四篇　格局評斷

富貴概論

發科發甲之命。天官星生官星。最要高強守照。朝陽伴月。或拱合對頂。如天官受傷。須生官星拱頂朝陽。若天官照命拱合。不遇生官。發科不大。天官朝陽拱命。主魁選。官祿主守命。亦七魁選。天官近日。照會生官。高登黃甲。天官守命。又在命宮尤妙。

主貴得地得宮得度。格局清高。主者。命主也。得地者。

居强坐實也。得宮者。入於官祿貴人祿馬卦氣之宮。更朝陽登駕是也。得度者。或命主躔天官度官祿主度。或天官祿主躔命度。無冲尅失陷之類。是也。又七煞化魁化文。爲命爲度。頂會天官。爲官魁同步。不以官煞混論。若天官爲命爲度。而頂七煞魁星。發科不大。又梟囚掌魁。爲命爲度。頂會天官。亦主科甲。但天官爲度主。會梟則忌其洩氣。蓋喜他來生我。不喜我去生他故也。大抵身命二度主坐文魁生官之度。居祿馬殿駕之鄉。又化天官掌文魁。不犯傷官。不犯七煞梟囚咸池陽刃。格局爲最清高。又命坐祿貴長生駕殿注受卦氣斗杓唐符國印之鄉者。皆主富貴。

天官得地司令。喜與命主經絡貫串填冲守鈞。皆主貴顯。
又魁星串度。鈞月貫陽。入局歸垣。亦爲貴格。至若日月
拱官。三方有用。青龍捧硯。（如春令生人。木爲官星。
朝陽近日。不以木炁蔽日論。餘倣此。）朱雀啣符。太白
從駕。玄武持旌。勾陳鎮殿。（以上均言天官司令。而與
日有關會也。）陰陽拱照。斗杓扶身。月掛柳梢。（月居
未宮。）五星順序。五曜環陽。命化天官。天官升殿。官
躔傷度逢生。傷躔生官之度。官祿化官。天官拱命。官命
互躔。魁星逢官。官爵逢財。官祿朝陽。官魁拱命。秋金
夜月。（秋金爲官。夜月爲官。）天官貫日。金月交輝。
天官登駕。天官拱駕貫陽。皆貴命也。又晝生日而金水輔

從。夜誕月而火羅侍衛。（火羅不宜與月同宮。曰侍衛者。乃火羅環照三方四正之地也。又輔衛之星。須掌文魁官貴爲佳。掌刑囚刃殺爲忌。）主顯官。

看官職之品級。只以爵星取論。設不知官居何省。則以躔何度爲準。以各省分野在何宿所管也。陞官遲速如何。亦在行度。至爵之度或爵之恩。則逢拔擢。餘可類推。

武貴只重將星唐符國印。即天雄陽刃。亦是有用之神。如命度掌國印而頂唐符將星。又官魁合格。身命與天官符印有情。必中武魁。

科名升殿朝陽兼日月拱夾。可以問鼎。天一生水。水作科名更妙。有謂科名與陽相隔之度數。爲中式之等級。隔一度中第一。隔二度第二。隔三度第三。隔三度外尚與日相近。亦可館選。又有謂魁星守命坐度。與所立之度數相隔一二三。即以此定廷試之名次。二說皆驗。特并存之。

官魁隨太陽臨田宅。主父有官。官隨天嗣居男女宮。主子有官。（入震長男。入坎中男。入艮少男。並須居貴祿殿駕爲驗。）官祿二主。居九五之宮。以拱命爲吉。總以對宮三方無惡曜者佳。又身命亦喜居此位。

財星項身命度主。度不化耗。財主化吉星項身命者。大富。又身入財垣。財入命垣。項度更佳。田財升殿。田財逢生。田宅高強項於身命。亦主巨富。天財（即化曜之財。）失陷。內財（即財帛主。）高強。項於身命亦富。田財高强又化天財頂命度者。巨富。傷官食神頂財。富格。天財與丙財同泊一度。上富百萬之造。財主化天官頂生官者富。財主化生官頂傷官者富。財帛宮或福祿照合。日月照合。田財互垣。身命二主臨財。及財星逢生旺得令得時。皆爲有財之人。田宅入命爲恩。頂身頂命必富。遇耗遇難必貧。又財福尅命不忌。若頂命串度。主巨富。福祿日月照田宅。身命主坐田宅。財星頂身命度主。度不化耗。財主化吉星頂身命者。大富。

凡看富格。以財星爲主。頂身命主者。方是巨富。偏財頂身命者中富。又偏財正財化曜之財。逢傷官生之而頂身命者。上富百萬之造。又二宮財帛主化天財而逢傷官助者。

雖不頂身命。亦多巨富。田宅主同論。又如財帛主化天官。逢生官亦富。田宅亦然。命入財垣。財入命垣。不頂身命。主小富。財星登殿無破。再頂傷官食神。則巨富。恩星隨身爲富。如坐四土度。火爲恩。與月同行。又是夜生得令得時。更遇生旺諸吉扶之。爲一二品之貴。

貧賤概論

身命財主俱化耗。財星頂受尅之星。或頂洩氣之星。祖業消散。財不頂身命而失陷。財主失經。刑囚暗耗照財。皆無受用。暗耗刑囚坐田宅宮。併有惡殺加之。皆主破財。又財星雖頂身。而命宮度主明暗頂耗星。又度主入別宮明暗頂耗者。不富。又財星雖頂度。而財星化天耗地耗大小耗。度主亦化耗神。以耗遇耗。難以富論。但一化耗一不化耗而頂度者。亦可小康。惟起跌不一耳。

命坐的殺陽刃天雄空亡死絕飛廉煞者。或命度掌殺者。皆主其人性情狠暴。衣食勞碌。一生成敗。或刑剋父母。出祖破家。過房自立方免。

身命受傷。田財失陷。福祿背於身命。又居惡弱之宮。暗耗聚於田財。更落空亡之地。生值嚴冬。金水孛臨於身命。坐逢弱限。火計孛戰於田財。主入六宮。命居隔界。主曜失躔。餘奴反居正位。（如木星居辰酉宮。或躔四金度。而炁星反據寅亥之地。）值難凶星。拱照身命。及殺星秉令有勢。（但宮中有惡制殺而權最大。又當別論。）午未二宮乃日月之殿。被木炁土計居之。若此者。皆貧賤命也。

木落寒蟾。（秋生木作天官。冬生月作天官。）芸窗難發。倘入格逢生。尚事鄉薦。若落空陷。寒儒而已。其餘春土夏金冬火。皆準此推。

大小耗宮或耗星。日月拱夾者。必貧賤有始無終之人。

日月夾拱亡劫。兼命度土弱。乃貧賤孤獨。宜入空門也。

又水孛守田財。難招祖業。

壽夭概論

田宅主星升殿司令。納音壽元星逢生。太陰身星泊處高強。諸殺不犯官福田財之垣。命坐生旺之地。本命得歲令兼入垣殿。又金水日月吉曜滿用。無火羅計孛諸惡曜戰尅亨衢。官福田財四星相生化吉。皆主安享遐齡。

若主宿失躔。身星傍鬼。（如夏金躔室。秋木躔亢之類。）碎破陽刃雄雌刼殺更化刑囚星守命。又值尅命。用星受抑。四正宮而無吉星助援。主夭。又二十七至初二生人。月色無光。若於合朔（日月共度。爲合朔。）之前後七八度內生人。以月爲命主者。大半不永。

命在刃宮。不宜金守照。加火羅愈惡。壽不長。木命人（納音。）不得其死。逢空稍輕。

身命坐空。怕刃對照。（如丙年午爲刃宮。卽以日爲刃星。怕與命宮對照。）主夭。四金泊命。主起殺宮。（疾厄宮。)則殺氣太重。命不長久。孛隨火後。若四火安命。或火命人。主壽不永。火旺尤可。與孛止隔二三度主夭。十六度外有援不妨。四日泊命。不宜木炁與日同躔。日生人主夭。若火羅與日同躔。只不益親。於己無礙。月兼身命。若起坐孤刦廉刃。雖有生旺扶助。亦主夭折。不兼者不以此斷。又刃刦首尾交界兩歧立命。主夭。又日月剝蝕。(朔日逢木炁。望月逢土計同度者。為剝蝕。)命安在四日四月度者。主夭折愚魯。如限再行日月度。決死。

性情出處疾病相貌合論

宮祿宮逢羅。主人粗豪健訟。亦不宜殺星剋其宮。名曰宮鬼。如官祿在亥。不宜金星入其宮。（亥宮爲木。不宜金殺尅宮。）亦不宜三合四正宮值之。皆主其人健訟。福德宮三方對照有吉星。係有福之人。爲人性必端厚。量必寬宏。心必慈仁。氣必温柔。人必壽考。若刑囚暗耗及諸殺居福者。必刻薄凶狠。詭譎欺詐。又相貌宮吉星照臨。則爲君子。殺星來據。更與雌雄陽刃相會。主心情刻薄。不仁不義之輩。

木爲藝術好文才。金主剛方而嗜慾。水乃漂蕩而無守。火必性燥而不常。土主敦厚而沈遲。計能狡猾而深慮。孛招謗怨。羅喜貪歌。紫炁清高。心必孤介。

五星各有體性。如木主文而繁。火主暴而狂。土主厚而遲愚。金主剛而寡愛。水主快而不定。日配父。吉星引從。則父貴。月配母。吉星引從。則母賢身貴。婦人命守月度。無惡星混雜。則有貌。男人值月守命。若與木曜同行。亦好儀容。主文章藝術。炁守命。主慈善。言語分明。少病有壽。或多孤寡。孛守命。主言粗語大。膽壯有為。多奸詐。羅守命。性情高傲。不耐是非。無妬嫉。計守命。性好勇。膽大多奸。

遷移主星守命。主遷居。遊行在驛馬之位。主人過房出祖。又遷移主遇吉星。則利出行。主陞遷之喜。會惡殺及浮沉。主飄蕩忘歸。身命與原太歲相沖。主離祖孤兒。

凡命與身。坐隔界及諸宿初末度。或身命入奴宮。或奴星入命。及奴星拱夾身命者。俱偏生庶出也。太陰爲身。入奴僕位。庶出偏生。入遷移宮。過房離祖。

疾厄宮寅巳遇計。風疾矆身。雌雄爲難。多主失明。日月掌厄。羅計休逢。兼驛馬多損足。逢陽刃主耳聾。凡命度身度受尅。又起處坐殺。並有火羅計孛刑囚暗耗諸凶。併沓其宮。皆主重疾。如本宮無星。而三方有凶星照會者。亦主帶疾。又火羅入疾厄宮。男主暴病。婦多產難。

人命以月爲命爲度。生五六七八月間。火羅不掌吉曜。或化刑囚暗耗。并逢陽刃守照者。或月自帶陽刃火羅相近者。或生望夜相近之日。此反爲精神不足。帶惡殺。必主殘疾。又如金爲命度。又是飛廉陽刃等殺。或與火羅沖戰。

或與太陰同道。決主重疾。命度帶殺重者主殘疾。逢戰尅主夭。八殺宮（疾厄宮。）刃雄併。或身命主星坐臨此宮。或殺星臨照。皆主重疾。但八殺主守照得所。反主權貴。身命坐空亡。名死窟。如刃拱。禍尤烈。太歲實之。死於非命。

土計羅帶天雄陽刃。夜生與月共度。必有破相之疾。太陽帶之亦然。又相貌主星起會刑囚暗耗。亦主破相。相貌掌刃掌雄形必陋。爲殺爲難貌不揚。木向春生。貌必雄偉。水歸冬旺。體自魁梧。

女命概論

女命專以夫星（七宮主。）爲主。看主星起何宮。若得位或吉星助之。或從陽。三方對照加吉星者。必嫁好夫。可隨星盤逐宮推詳。入官祿得地。主夫貴。入福德。主夫有福。入財帛。主夫有財。入兄弟。主夫見棄相嫌。入田宅。主夫有產業。入奴僕。主夫勞碌。或與奴僕通。入男女。主有子息。入妻妾。或因親而成。入疾厄。主夫有疾。入遷移。主夫遠出或離祖。入相貌。主夫有貌。入命宮。有吉星加臨。得用相生。富貴雙全。又看得經失經何如。或加殺或加四餘。逐宮推看三方對照何如。活潑論之。女命身主最要清吉。喜金水相從。逢惡星則凶。忌三方血刃加孛。計羅照命。或孛在刃宮或守照。必主血氣疾亡。大忌飛廉刃鋒交破。又女命在驛馬。逢水孛照身命。或在五弱宮。皆主淫奔。娼妓之命。必犯桃花計孛金孛水孛。福德不好。夫星不陷必駁雜。相貌好。男女宮受傷。犯惡星。

女命不以格局取用。專求用曜（夫星。）生旺得垣不陷為美。身命二位坐吉。財福二宮不破。自然佐夫享福。夫星若入垣升殿。化福祿貴權。又得時令。不值空亡。夫必貴。如夫星是火。坐翼度或火宮。又值夏令夜生不見水孛為妙。又女命以身主為重。如生秋月或夜明。不逢殘晦。又化吉神。居於財帛福德。堪稱貴婦。又如夫子二星。均坐玉堂貴人。又化祿貴權印。或官福星入官福宮。乃夫子均貴。值破不佳。且如日月同宮生於朔日。月占日前。必卑夫奪權。自能創立。能知書數。夫星得時令無破。不化刑囚入財帛田宅。必多財產。如火為夫。畏見水孛尅抑。如水為子。忌逢土計傷殘。又太陰當望化吉。無玷翳。或居天門奎壁角婁張畢之度。生子必主聰明賢貴。夫位臨午。居太陽正位。忌土計木炁拱位。又金孛同入命宮。主淫冶。馬刃殺不宜入命。主流蕩刑尅。

星度指南卷下

上虞曹仁麟著

第五篇　十二宮論

論父母

田宅為父母之宮。日月為父母之象。如火羅犯太陽。或難星(木炁。)尅日及帶劍鋒。主先尅父。如土計侵月。或難星尅月。主先尅母。或晝生而太陽落陰宮陰度。(月宮月度。)父先亡。夜生而太陰落陽宮陽度。(日宮日度。)母先亡。又田宅主受尅。晝生先尅母。夜生先尅父。火羅計孛。只宜獨行。若交會大凶。對冲三方相遇。主尅父母。又月居巳妨母。日居亥妨父。秋月光輝。不宜火羅同宮。爲火月爭光。或火羅掌刃雄廉鋒殺者。或合拱對照。主早失慈親。人以日爲命爲度。金帶刃。水帶刼。金水朝陽固美。不免刃刼生災。主妨父。金水不帶刃刼。而化曜屬刑囚亦然。又木炁蔽日。生春夏間。木盛葉茂。便蔽太陽。主妨父。又官煞混雜守命者。主孤尅。又羅近太陽父凶。但夜生者不妨。水爲孤刼。計爲雄刃夾日。主胎中妨父。刃雄星與太陰合着度上。妨母。日躔月度居月位。月躔日度居日位。謂之陰錯陽差。主傷父母。亦主妻子難爲。但凡月勝者尅父。日勝者尅母。又刃星不宜輔太陽太陰。主父母癆瘵氣疾。日月犯魁罡。（日月臨辰戌宮。）

或合朔之時者。主父母不永年。又月在初度兩歧之間。母不貞再嫁。否則過房入贅。遷變祖基。亥宮尤忌。寒月孤居主母寡。逢水孛主淫且賤。日月升殿入垣者。主父母富貴榮達。背太陽於父有憾。（夜生。日為命主。）背太陰於母有虧。（晝生。月為命主。）火羅臨父母之位。主幼失雙親。

論兄弟

田財官福入其宮。主兄弟豪富。亡劫空的入者。貧賤。孤寡居之則孤鴈獨飛。官符居之必逞訟。雄居之必帶疾。馬星入則兄弟東西。咸池入則酒色荒淫。至主兄弟多寡。固以水一火二木三金四土五為權衡。然如弱土寄水。未必五不

星度指南 一一二

變一。乾木寄火。未必三不變二。旺水寄木。未必一不變三。燥火寄土。未必二不變五。須活看也。

論妻妾

妻宮是祿貴長生帝旺之地。吉星守照。皆主好妻。美貌多能。若水孛相侵。則又不然。如在死絕的殺之宮。不得好妻。更會孤寡惡宿。必主無妻。會喪吊二符計都。必尅妻。如妻主落陷。居空地。有的殺六害白虎加其宮分。及凌其主所守之地。必多尅害。如妻星化難值咸池的殺同宮。多產厄而亡。如妻星是太陽。或入午或入未。或入兄弟之宮。多主因親成眷。如妻主陷落。又得金氣有力。（金乃妻本星。）必有小妻偕老。如妻星坐咸池。與兄弟主奴僕主同宮。又有的殺驛馬夾之者。主妻有私。又妻星入遷移宮。招重婚之婦。命坐孤刼。或孤刼星守照。（凡言坐者。謂坐孤刼之宮。守照者。謂孤刼化曜守命宮。或與命宮三合對照也。）必主害六親。井木安命。主重婚續娶。

論男女

田財生子星吉。子化天官逢財生者。主子榮貴。天官或魁星入其宮。有好子。餘奴犯之不佳。陽刃尤忌。如四日度係子星。明暗項火羅。晝生主尅。如火是子度。有水孛項之主尅。五行生尅制化。尤須與化曜相參。若男女多寡。則以水一數。火二數。木三數。金四數。土五數論之。加吉星主足其數。凶星刑尅者孤。若主起在強實宮。各添其數。若凶星三方照者減半。又忌星守命或三方對照者。孤爲僧道。

男女宮坐貴人祿馬長生。及有吉星守照者。皆主得貴子及賢孝之子。如坐刼殺死絶之宮。及無吉星守照者。不得好子或無子。夜生太陽獨照男女宮。無星輔之。皆主無子。有星輔之。則有子。日生太陰獨照男女宮。亦同。子星臨白虎六害華蓋之地。又落空亡。多主無子。又如男女主是我命之殺。又在陽刃的殺六害白虎之宮。則多生不肖之子。如在天月二德殿駕貴人祿馬官福田財之宮。與恩星同守。或男女主是我恩星。生子多得力也。

凡子星化天官躔傷官梟神度。無子。又子星化正財躔七煞度。無子。子星主度正財頂七煞。無子。又水爲子度。不宜土計（尅）木炁（洩）孛（餘）諸星頂度。火爲子度。羅計水孛（奴洩尅）占其度者。無子。（按度主較切於宮主。凡安命在某度。即以量天尺直行同絡之度。爲十二宮所主之度也。）凡難星暗頂。亦不吉。（占其度上爲明頂。在三方四正對宮同絡之度。爲暗頂。）凡子星坐生旺之宮。不逢孤寡。三方無難星。多子。如子星化天宮躔財度者。必多賢孝之子。子星頂恩者多子。招子之年。得行天官度或行恩度。又值紅鸞天喜填限。（如行卯限。而原流太歲紅鸞天喜在卯。爲填限。）定產貴子。又天喜紅鸞（原流太歲二星之化曜。）頂限度者。得子。但二星作難星頂限度。反主血光之災。子星帶刃星同頂度。子多不肖。如子星掌孤神。亦難爲子。孤神寡宿拱命。及子星失躔者無子。又命坐天狗無子。天狗在男女宮。亦主絕嗣。又子星躔刃度者難育。子宮掌刃。子度掌劫。老年無子。男女宮見太陰并金水。先得女。見木火太陽。先得男。又炁孛守嗣垣主刑子。

十二宮總論

（一）命宮　已詳前各篇中。

（二）財帛　財帛主。喜其升殿逢生。若受剋泄。或化耗失躔均忌。遇難頂度。終爲破耗。凡命度主。不宜頂大小耗。雖身主頂財。發而不久。如身命財俱化耗。定非成家之子。大抵財星要頂身命度主。方爲富格。如財星雖化大小耗。而升殿高強。近於身命或頂度。還作中富論。至若度不化耗。財主化吉星頂身命者。大富格也。若身入財垣。財入命垣。不頂度者。小富而已。此同宮千里之意也。又如田財升殿逢生。身命隔宮遠而不親。經絡不貫。亦僅小康。若田財高強頂於身命。主巨富。財星縱失陷。但頂於身命亦富。不頂身命而失陷。乃作貧寒論。更有進者。如內財失陷。（內財謂財帛主星。）天財高強。（天財謂十干化曜之財。）頂於身命。巨富之格。又如田宅高強。得化天財頂命度者。亦巨富。又偏正化曜之財。得傷官食神頂度。爲食傷生財。發富最大。但恐化曜之財不頂命度。飛出別宮。反頂刼財難星。不以富格論矣。倘天財與內財同泊一度而頂命度。乃百萬上富之造。又有財主化天官頂生官者富。有財主化生官頂傷官者富。蓋化曜之財。較財帛宮主之財爲尤切也。又財帛宮或福祿照財帛。日月照財帛。田財互垣。身命二主臨財。及財星又逢生旺得令。是皆有財之人。若財主失經。刑囚暗耗照財。便無受用矣。

（三）兄弟　已詳前論。

（四）田宅　田宅主宜入命爲恩。更財帛無傷。方云田連阡陌。頂身頂命必富。遇耗遇難必貧。田宅之位。或福祿照田宅。或日月照田宅。或身命主坐田宅。皆有財產之人。婦人於田宅尤緊。如暗耗刑囚坐其宮。併有惡殺加之。皆主破財。外家冷落。兄弟無情。

(五)男女　已詳前論

(六)奴僕　有身命主入奴宮而貴者。亦有身命主入奴宮而賤者。如奴宮原是貴人祿馬長生帝旺殿駕之地。皆不可以賤論。爲奴出身。弁不可以婢生庶出斷之。如是的劫陽刃亡神飛廉死絶敗地。身命又陷其上。乃奔波工役無成之人。方以奴僕言之也。蓋奴宮不獨轄人貴賤勞逸。亦主僕馬侍從。本星坐於强旺之地。更加吉星生之。必主奴僕充盈。若主星弱奴星强。反被奴欺。果老云。主弱奴强。奴婢有侵凌之患。大抵以身命高强爲上也。若驛馬在奴僕宮。主走失逃亡。

（七）夫妻　已詳前論。

（八）疾厄　亦曰八殺宮。非特主人疾厄。亦主人一生操權。若權印福祿居之。主其人有重權。身命入八殺。得令得時。諸星扶之。乃爲貴格。經云。身命登八殺。科名須早發。八殺入命來。災殃那可脫。凡看疾厄。先看命度身度受剋否。又起處坐殺與否。更看疾厄有何星坐其上。如有火羅計孛刑囚暗耗諸凶并會其上者。皆主重疾。如本宮無吉星。而三方對宮有凶星者。主帶疾。又身命居八殺。刃雄相併。或殺星照臨。主重疾。若八殺主守照得所。反主貴。土計羅帶雄刃。夜生與月同躔。必主破相。

（九）遷移　遷居遠行遷也。遷宮陞爵亦遷也。宮分及宮主星。俱宜兼看。宮如吉星照臨。宮主星不陷。出入近貴人。吉神祿馬關照。自然貴客垂青。寅宮遷移逢刼殺。不宜燕地經營。九宮午位逢惡曜。切莫周國遨遊。諸宮例此斷之。又遷移主星守命。主遷居。或加殺制限危。重則徙流。輕則遠行。主星遊行在驛馬。主人過房出祖。坐長生馬者。有四方之志。又遷移主遇吉。主陞遷。出行均見貴人扶持。會惡殺及浮沉。主飄蕩忘歸。

（十）官祿　功名非在此宿。收成乃重此星。成名而敗。只因官主化傷。雌雄作殺。終當宦途剝職。果老曰。有官而無用。乃藏其刃雄。又官祿與官星。只宜文魁印星福神守照。則爲純粹。不宜財星生旺守照。及犯天雄陽刃諸殺。主人貪財壞名。亦不宜官星尅命。經云官祿尅命。以名立身。以名敗身。更不宜十宮逢羅。主人粗豪健訟。

（十一）福德　若本宮無星。更看三方對照有吉星照者。係有福之人。若刑囚暗耗及諸殺居福者。未見其爲福也。福德官祿二宮。最喜吉星照臨。若見福居福。祿居祿。身命主入官福。日月照官福。水日金月各居官福。皆爲有福之人。如福祿二宮無星守照。或三方四正有吉星暗加其上者。亦吉。若此二宮無吉星照臨。未有能富貴者也。故凡看命。官福田財四宮爲重。若俱無吉星。只以庸常命斷之。

（十二）相貌　主星起會刑囚暗耗。主破相暗疾。且相貌之宮。乃人性情所鍾。善惡之鄉也。吉星照臨。則為君子。殺星來據。更與雄刃相會。主心情刻薄。不仁不義之輩。

星度指南卷下

上虞曹仁麟著

第六篇　限度吉凶

行限總論

凡行限。宜以所行現在之限。現行之度爲主。而當生本宮度主之恩難。兼看活看可也。故行限總以大限行某度。本宮三方遇某星。以斷吉凶。有殺刃者。遇太歲必傷。（如原度或對宮三方有殺刃。而流太歲之支。又填實及鈞合也。）無殺刃者。雖凶不死。行限在刃度。若頂難星。爲刃中帶殺。大凶。原度無難。流難尅之。（指難星雖不正頂度上。而流入本限各度內者。爲流難。三方對照亦然。）主破財。行限遇刃。尅我度主（現行之度。）亦凶。刃兼官符。雖不剋度。（卽倒限。）亦主無妄之災。總之限度之主星。必看當生之强弱。然後以流年之神煞。飛沖鈎合參看。庶萬無一失。（凡此以項星與行度作難而言也。）

限宮與原流太歲。均不宜沖。如戊年生人。行辰限或逢辰流年。均凶。刑戰亦忌。惟爵祿人沖原流祿馬。主遷官晉秩。事必有動。

行限入關界之鄉。又被凶星戰尅必凶。限途標的中。（每限宮中十五度。）喜無殺星過制。又加吉星相迎。乃安享長壽。殺星生旺臨限。併流年殺亦旺。其禍必大。如限主屬木。所忌金星傷尅。餘倣此推。又如太歲冲限。或餘奴犯度。皆主凶危。人離財散。又衆星聚於殺地。互相戰尅。以併其凶。不爲憂害。如木殺逢金制之可解。若一殺當限得勢。患害轉深。又如安命亥宮。有炁星與金難同宮。乃餘奴敵殺。或三方對照合而拒之。而本主無憂患也。若歲君趕殺填命會限。多主倒限。

行限只看限行至何度爲率。如限行四土度。則看原盤土起得何經。或土起逢生。（如土躔尾室翼觜四火度。或卯戌二火宮。）或土起值尅。（土躔角斗奎井四木度。或寅亥二木宮。）由此以決吉凶。（逢生者吉。值尅者凶。）又有限主互躔尅彼。限主互躔生他。尅彼者爲力損。生他者爲泄氣。故限行至尅彼或生他之度。皆無益於我。如行限主入垣升殿。則又無所不利矣。又如命立子宮。（以宮主土爲例。）限行斗二入寅。爲四角之宮。又値難度難宮。（木度木宮。尅土主爲難。）必然不好。若申上井七度。（對宮對度。）戌上胃二度。午上張十四度。（三合宮對度。）以上各宮頂度處。（按凡星在本度。爲明頂。在對宮三合宮對度者。均爲暗頂。若不對度。而被流太歲之支填冲鈎合者。亦爲有力。吉凶同論。）如有木星在此數度。或有木星正坐斗二度內。重則必死。輕則刑尅。在申男女宮合來。必尅子。在戌兄弟宮合來。必尅兄弟。在午妻宮合來。必尅妻。此亦一定之理。倘木難逢太陽則主尅父。近太陰主尅母也。又如命坐卯宮。（以宮主火爲例。）水爲難星。二十五行軫水九度。乃入巳限。又看亥上對照奎初度。及丑上女一度頂度處。皆不可有水孛來照。爲難星得地之所。若有之。死於二十五歲必矣。又如午宮立命。（以宮主日爲例。）未申轉角之間。行限至此主凶。井木又是難度。（日怕木炁。）若辰上氐初度。丑上斗二度。子上危十一度。（子辰爲申之合照。丑爲未之對照。）有木炁合鈎大凶。又如酉宮坐命。（金爲主。）火羅爲難。行限在戌難宮。出戌交亥。（戌亥爲轉角。）若三合四正難星又來。必爲凶斷。餘倣此。（凡此以行度與命主作難而言也。）

陽刃兩頭切忌。如甲生人。卯爲陽刃宮也。入尾二一出氐一。即刃頭刃尾。必有災。（刃度首尾亦然。）凡災忌星。生時在伏段。限內災禍。只有三四分力。福星生時在伏段。限內發福。亦只有三四分力。蓋諸星遇太陽則伏。光銼不見。有如臣居君側。俯不敢仰。凡一限內見吉凶星同聚。即以入宮先後及逆順而斷吉凶。故先入宮深者先見。後入宮淺者後逢也。凡遇本限及對照三合宮。並不見一星。名曰空限。主多災凶。圖事不成。若得限主當生有力之位。則反爲吉。惟官祿宮上逢空限最凶。必於四十六七歲死矣。

凡行限遇殺星。須論金木水火土。分別緩急輕重。如以火爲殺。望見生災。水爲殺。過後爲禍。金爲殺。對度方凶。土爲殺。則緩而遲。木爲殺。則急而輕。蓋火未燃而先烟。水既流而始濕。金正遇而後傷人。土之性緩。木之性柔故也。其爲災禍。亦以五行類推。以內言之。火羅則心血燥熱痰利等症。水孛則膀胱冷濕白濁遺精等症。金星則腸癰痔漏等症。土計則脾胃噎塞等症。木炁則肝胆風眩等症。以外言之。水則溺。火則焚。金則刃。土則壓。木則撲之類。凡命坐弱宮。主星又低。行限又微。一見好星在前。却不能勝其任而命亡。蓋素貧賤行乎貧賤。雖有富貴而不能享也。如命坐高強。主起又高強。行限又好。一見凶星在前而不能進。蓋素富貴行乎富貴。苟遇貧賤而不能處也。

晝生人。自少至老。行太陽與陽星之限。一見太陰在前。謂之陽極陰生。決主人死。但須帶刃殺方驗。若夜生人而限行太陰與陰星之限。至老一見太陽在前。謂之陰極陽生。決主人亡。又如命躔房日。（太陽弱度。）行限至張月度。（太陰强度。）必死。蓋有月光而無日光也。又如命躔心月。（太陰弱度。）行限至星日度。（太陽强度。）必死。蓋有日光而無月光也。但亦須看有無惡星當關。方可以此論之。

子上危月坐命。限行至卯房度。本宮對照皆無星。有忽然死者。蓋日月晦明不同。危月也。至卯日出之所。正入陽剛之地。是爲有他無我。兼以太陽惡弱。倒限無疑。若午上星日坐命。限至酉畢度。本宮對照皆無星。有忽然死者。蓋星爲日。日至酉月出之所。亦有他無我。兼太陰惡弱。倒限無疑。

行限須要向明不背方吉。何謂向明。夜生人見火金月當限。晝生人見土木日炁當限。皆謂向明。發福可期。如晝生人不見日木土星。又獨見火金月照限。兼行的刼刃鋒廉耗空亡等殺之上。未可以吉許之也。

勾絞亡神變難穿身。行限遇此。定遭刑憲。血刃血支。提防金孛作殃。天刑天厄。怕火羅變難。必遭官破家。浮沉是水孛。逢土計相迫。必溺水非命。飛廉或遇金羅。非干戈則當暴死。劍鋒聚於火羅計孛。必犯疾惡。天厄聚於火羅。防雷傷虎噬。

果老云。五星六曜。資我者生。傷我者凶。亦隨歲而變乎。流年之支。填限又沖鈞。於吉凶固有關係。而天干亦須辨別是否爲此干之刃限。如壬勃命坐翼。（巳宮）金曜躔斗。（在丑宮。金爲木度之煞。）行井木。（未限）對照有金。度主（限度主）受傷。孛羅一掌鋒一掌刃。前後沖照。或拱夾關合。互爭勝負。且是年屬丁。（丁以未爲刃。爲歲刃填限。）陽刃又臨。後果卒。

袁天罡云。行限視度之休危。假如命度角木。（以木爲主。）到軫水爲吉。（木受水生。）到翼火爲凶。（火竊木氣。）殊不知當生水星壯旺爲福。否則爲凶。然亦須活看。不僅以受生爲吉。必看水星起躔垣廟壯旺則吉。起躔衰弱失陷則凶。倘若翼火起弱。亦不能竊我之氣也。（竊氣固凶。但火星起躔失次陷弱。亦不能竊我之氣。若起躔高旺。則能焚我木也。）又如限行虛日。（子宮）太陽爲度。羅在申。火在辰。攻破日鼠。（三合拱限。）日怕火羅。限度受傷。其凶可決。況流年（按爲戊辰或丙辰。）天雄在子。（歲雄填限。）陽刃在午。（歲刃合度。）主惡死。又如命坐氐十一度。（卯宮）金守照爲飛廉之主。（又爲洩氣之星。）何以能延。而不知甲辰火命人。（納音。）豈有畏於飛廉金乎。（是我剋廉。非廉剋我。）若木命人。的不能延。是人現行井木。（井在未宮。與命卯爲合照。廉金傍尅限主。）飛廉月符官符同守照。是謂諸殺併沓。又加流年等殺。乃曰衆殺相攻。問之此人已在囹圄中矣。其應驗如此。

限度舉例

乾元祕旨曰。一甲年四月生人。一壬年二月生人。同行戌宮奎木度。奎木上同坐金星。甲生人以金爲傷官。（爲食神度坐傷。）遂致仕途屢跌。壬生人以金爲正財。（爲財度坐財。）遂致官級聯升。

一辛年十一月生。一辛年十月生。同行丑宮斗木度。度爲天官。十一月生人。正財火星在斗。（財生官。）太陽在尾火度。與太陽通。（謂與經絡相通。）即入翰林。十月生人。正財火星在箕。（距度稍遠。）太陽雖在尾火度。與太陽不通。（謂與經絡不相通。）僅中進士。甚矣度之所繫爲切且要也。

又如甲年生人。天官辛炁躔卯宮亢金度。限行至戌壁水七煞度。（庚水爲甲年之煞。）足以暗混天官。（卯戌六合照。）辛有流木（丙）到度。則丙木能制庚水。若流土（戊）到度。則反生水（庚）矣。又如天官辛炁入午。傷官金（丁）在戌之奎。（官傷合照。被傷。）現行奎度。奎半屬官。（按炁爲天官。奎木即半屬官。）本是官度坐傷。又三方見流官。不吉孰甚。却有流羅（癸）到奎。則丁金方受癸羅之制。豈能兼官。迨自奎行至壁。壁乃煞度。正喜丁金之制庚水。而偏以癸羅到奎之故。使丁金無暇及煞。而煞勢猖獗。遂至奪官。此亦見移步換行。未可膠柱而鼓瑟也。

一康熙庚申甲申癸卯癸亥生人。月在子之虛。孛在卯之氐。炁在酉之胃。計在戌之室。羅在辰之翼。是四餘欄月矣。木在申之畢。火在未之井五。土在未之井十六。金在午之柳四。日在午之柳十一。水在巳之張。是五曜環陽矣。木爲文爲煞。火爲偏財。土爲偏印。金爲天官科名。水爲魁爲元祿。金水貴氣所歸。作陽引從。又遞生至金水而佳。若金水作命主。豈不大顯。彼立命於戌。以火爲命主。

甚遠於陽。僅受文木之生。又帶煞氣。故於斗木文度內鄉
薦。厥後屢有保題而不用。用亦僅以教職。譬如地脈。乃
遇龍。非結穴也。一康熙辛卯庚子壬辰壬寅生人。月在亥
之危。孛在申之昴。炁在申之觜。羅在丑之斗十八。計在
未之井。是四餘攔月矣。土在午之柳。金在卯之氐。水在
寅之尾十五。木在丑之斗三。火在丑之斗四。日在寅之尾
十一。是五曜順生而環陽矣。土爲正印。金爲科名七煞。
水爲劫財。木爲天官。火爲正財。遞生至火而住。立命於
卯。以火爲命主。火獨受天官之生。而陽又在火躔。正如
地脈結穴之所也。木屬銓部。行至翼火。不滿三十歲遂作
少宰。合此二命觀之。全憑氣之作用。而非局局於形者。

所能窺其萬一也。

又如甲生人。天官辛炁在卯亢。正財己月在酉婁五。天官雖躔傷。（亢金爲傷度。）卻與正財同經。（亢婁同經。）傷方生財生官。七煞庚水在酉婁三。雖傍正財。卻躔傷而稍受制。限行至婁十二十一十九八七六五等度。正財沖對。生起官星。（官卯財酉。爲沖對。）官場極順。及行過婁五。遂在財之後。與七煞密邇。而正財且生煞。宜乎順中稍逆。此沖釣之間。又須詳看也。

有壬年人。行柳土煞度館選者。查文日科水。皆在女躔。則柳度正收科文陽君秀氣也。又有壬年人。行女土煞度館選者。查科水在女躔。日月夾之。則女土正收科名貴氣。

又科名頂度。不可槪論煞也。有庚年人。行奎木煞度。居大位掌重權者。查原木與炁冲照。已經化合。（謂丙與辛對宮化合。）天官金與太陽。俱在斗躔。則奎木乃天官與太陽貴氣所通故也。有辛年人。行婁金煞度館選者。查金爲科名。本在陽躔。則卽以科名近陽也。總之七煞止忌其混官。既不混官。則另視其氣之所併而已。凡論命不重形。只重氣。觀此益驗。

剋度論

（一）剋星剋度。如金星生於夏季。或金火互躔。或金羅同度。限行金度。或原暗頂火羅。或流羅入度。或流火到宮。如再加金火掌刃殺。必然倒限。（二）餘奴剋度。如木星度主。金木同躔。或木火同躔。（洩氣。）又生於夏秋月。（主弱。）限行木度。明暗頂炁星。或流炁到度。或三方拱度。多有倒限。若生春月木旺。不犯剋洩。雖有餘奴不死。（三）化曜剋度。如辛年木化天官。限行四木度。計化傷官。明暗頂木度。或計星流入限度。（凡謂流者。指難星雖不明暗頂其度上。但流入本宿各度或本限亦爲有力。）或三方鈎合。多有倒限。若計星躔財度或印綬度。得制化之力。雖頂流拱合無害。又天官頂洩氣之星。（梟囚。）災耗必重。又正財頂七煞。又兼正財柔弱。倒限有之。又財頂刼財。災耗。或主剋妻。（四）神煞剋度。如行太歲度。頂陽刃星。或白虎星。或刃度頂太歲白虎。又病符而頂死符。再加尅洩。十有九死。須見刑傷可免。又命宮度主原犯水孛浮沉。行限度明暗頂原浮沉星者。防覆舟落水之厄。又女人生産。忌産星頂度。當防臨盆危險。又金星掌刃。木星掌刼。（刼煞。）明暗頂度。度主更掌雄雌。必主凶死。紅鸞天喜血刃剋度作難。度主柔弱帶煞者。主血光災。四耗頂限度。其年防耗財本。如耗化生官而頂天官者。其年反利。官符星頂限度者。其年防訟事。（五）命度被剋。假如立命丑垣躔斗木度。當以木星爲命度主。或原木三合頂金。或金木同躔一度。又係秋木柔弱。流木流入亢金遲留不行。又值流年三合對照。（如木在辰宮亢金。流年之支是子申爲三合。是戌爲對照。

）亦有剋死。（六）洩氣倒限。如四木度主。生於秋冬。原頂火羅。流木或躔火度。羅星又到。洩氣太過。多死亡。又木星度主。原火羅相頂。或頂金星。其流年木炁相頂。亦多喪亡。（度主已被剋洩。何堪流年木炁相頂。所謂喚醒為忌也。）（七）大限為原太歲陽刃宮。流年又遇歲刃填限。又值限內度主交接之際而倒限者。如癸巳生人。命主丑垣。躔斗木四度。丑宮為刃。未宮為飛刃地雌。六十二行未垣。己亥年。大限命宮二刃相沖。破財。至辛丑年。太歲趕於命限。度行井木二十及十九度。乃係關煞之度。又遇流年會殺。故主倒限。餘類推。

餘奴傷主論

餘奴傷主者。剋度倒限也。傷要傷正度。並無諸星相犯。或見流年奴星犯度。必主倒限。（然亦須太歲陽刃飛刃劫殺的殺天雄地雌至其宮。乃驗。）凡諸星當令。不怕尅。只怕洩。（我去生他爲洩）凡一星爲禍。諸星皆助。定倒限。（金木項𩩲。木爲限主被傷。土計生金助殺。兼金掌刃的鋒值難。）凡日度單羅計木炁犯者。皆當倒限。凡行限。度主受傷。限主亦受傷。倒限。若限主受傷。度主平靜。但逢刃星合度亦有倒限。若度主受傷。限主得生。但災不死。有刃合限亦死。凡行限如無剋度。只將令星尅他星度。限行被尅之度。方可倒限。（如無餘奴傷主之度。只看令星尅某度。行須度處。亦可言倒限。）但又有被尅而不剋者。如金躔翼火。火躔亢金。謂之金强火弱。有災不死。（翼乃水中之火。亢爲金宮之金。）又如金躔室火。火躔婁金。倒限無疑。（室爲木宮之火。故强。婁乃火中之金。故弱。）餘倣此推。

倒限總論

倒限有未至其度而死者。（乃凶在前。謂之凶迎。）有過其度而死者。（是凶在後。名曰凶送。）有當死而不死者。（有殺無刃。故不死。）有不當死而死者。（有刃無殺。故主死。）須看陰陽二刃爲衡。更會原流二刃爲斷。（原者。本年刃也。流者。行年刃也。）凡是不死者。即果老所謂無殺刃。豈能傷乎。（有刃有殺。決死無疑。）經二云晝生忌陽刃。夜生忌陰刃。（陰刃晝行。陽刃夜值。不忌。）有雙刃迎送者。（陽刃飛刃。前迎後送。）有二刃夾命夾限者。（拱夾也。）有刃星撞衝。（對照也。）有投二刃。（或命限主坐二刃宮。或二刃星守命限。）有宮主受傷。刃星合度。（限宮主受尅。限度主掌刃。）有度主受傷。刃星合宮。（限度主受尅。限宮爲刃。）有刃中包殺。（殺者。尅限度之星也。又是刃宮刃度。）有殺中藏刃。（同前。）有刃中有刃。（刃度逢金。金星主殺。故名刃也。）且如丙戊生人。（陽刃在午。飛刃在子。）大限行星柳虛女是也。（午屬日。子屬土。故以星日虛日女土柳土爲刃度。）若星柳虛女度。內有木炁計。即是刃中藏殺。（木无能尅土。又能蔽日。故謂之殺。）或土日度內有金。是謂刃中有刃。對合亦然。四正亦同。又如甲乙庚辛生人。行火金二度。（蓋以卯戌火。辰酉金。爲刃星。行尾室觜翼亢牛婁鬼。即刃度也。）若水孛火羅關涉。是謂殺中藏刃。若此者。皆忌之。又若行限值六甲空亡凶煞加臨主死。或一星而掌數殺者。或兩星而齊到者。皆死。三合四正沖照者亦然。

一凡七政星爲身主命主壽主限主。所泊躔宿。最怕剋破。多死。化凶亦然。占殺刃尤甚。在後剋破猶輕。（以在限後日背我。其力輕。）在前剋破尤重。（在前日向我。其力大。）然亦須因時度令。如限行木宿。怕金同躔。火宿怕水。土宿怕木。金宿怕火。水宿怕土。月宿怕羅計。日宿怕木羅計孛。然木宿遇金。春林愈茂。火宿逢水。夏生不畏。金值火炎。秋生無礙。水宿見土。冬月反美。土歸四季。會木何懼。

珍倣宋版印

星度指南卷下

上虞曹仁麟著

第七篇　演命式例

假如此人光緒丙戌年十月十一日寅時生。欲演星度宮限。第一步仍照子平法。先將四柱排就。如上命年爲丙戌。查曆書是年十月十一日尚未立冬。仍是戌月。依五虎遁歌訣。丙辛歲首從庚起。順尋至戌。爲戊戌。又查是日爲庚午。再依五鼠遁歌訣。乙庚丙作初。順尋至寅。爲戊寅。即得丙戌戊戌庚午戊寅四柱。列於星盤之上端。以醒眉目。（星盤只重星度。不重四柱。然如吉星所在之宮。而四柱有此支位。卽爲填法之一格。故推排四柱。亦屬必須先知之事。至子平所論六親生尅宜忌。理本相通。舍談星者。專重十干化曜。卽此意也。是以欲習星度。能先識子平。則更易於入手。）至盤式如何起法。以及量天尺串度表如何推演。已於第二篇中逐步說明。今再將丙戌命造。備一程式。以明星度測命之法。學者宜反覆玩味焉。

丙戌命星度推演舉例

男造光緒丙戌年十月十一日寅時生。立命辰宮。躔軫水四度。應佈星度總盤及量天新尺。列式如次。

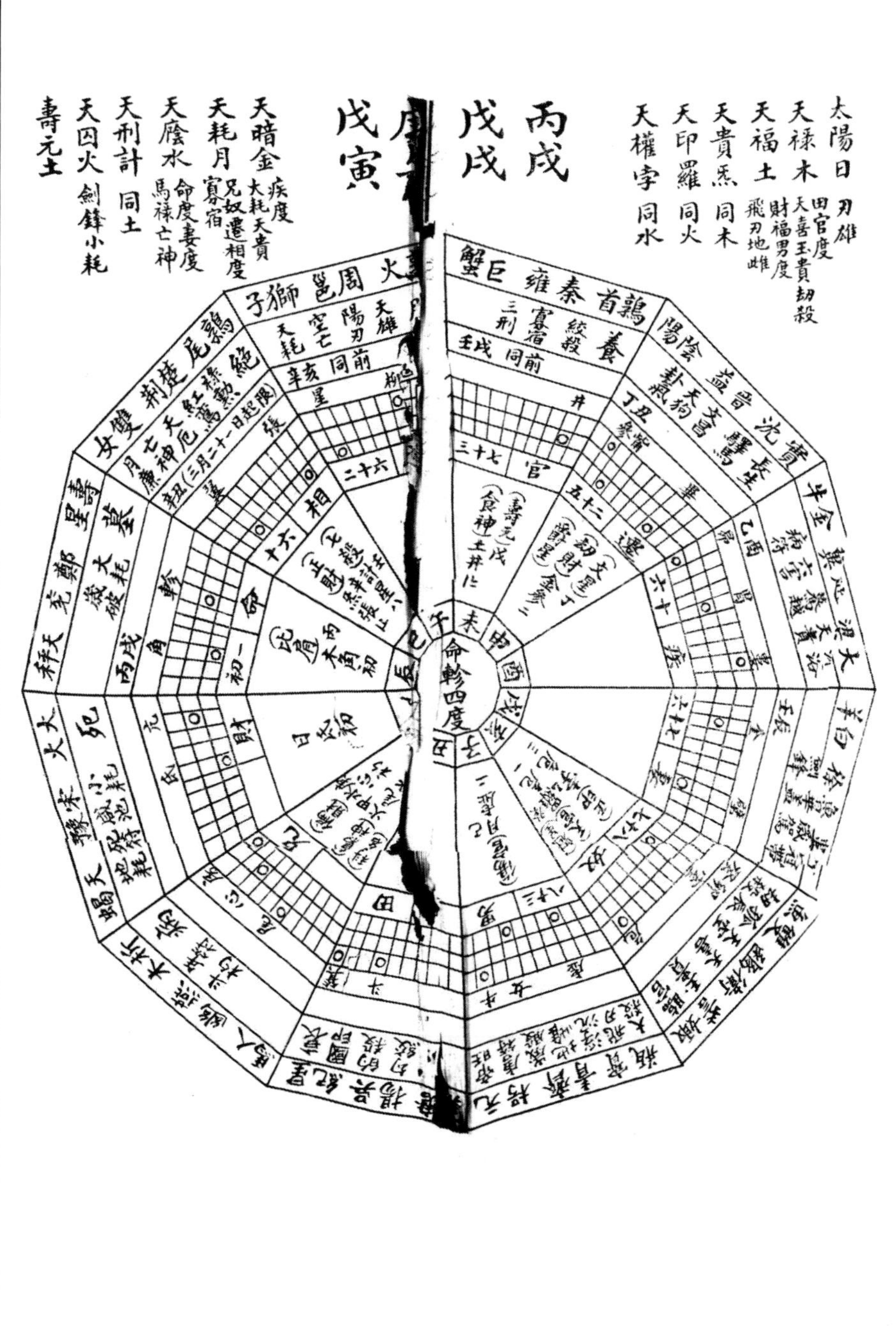

太陽日 刃雄
天祿木 田官度 天喜玉貴 劫殺
天福土 財福男度 飛刃地雌
天貴炁 同木
天印羅 同火
天權孛 同水
丙戌
戊戌
戊寅
天暗金 疾度 大耗天貴
天耗月 兄奴遷相度 寡宿
天蔭水 命度妻度 馬祿亡神
天刑計 同土
天囚火 劍鋒小耗
壽元土
命軫四度

訂正黃道十二宮量天新尺飛星串度表

度＼宮	田宅 丑	男女 子	奴僕 亥	妻妾 戌	疾厄 酉	遷移 申	官祿 未	福德 午	相貌 巳	命宮 辰	財帛 卯	兄弟 寅
初	箕初	斗廿一	虛七	室七	奎八	昴一	參六	井廿六	星四	翼七	角七	氐十六
一	一	廿二	八	八	九	二	七	廿七	五	八	八	十七
二	二	廿三	九	九	十	三	八	廿八	六	九	九	房初
三	三	牛初	危初	十	婁初	四	九	廿九	(計)七	十	十	一
四	四	一	一	十一	一	五	井初	三十	八	十一	亢初	二
五	五	二	二	十二	二	六	一	鬼初	張初	十二	一	三
六	六	三	(孛)三	十三	三	七	二	一	一	十三	二	四
七	七	四	四	十四	四	八	三	二	二	十四	三	(水)心初
八	八	五	五	壁初	五	畢初	四	三	三	十五	四	一
九	斗初	六	六	一	六	一	五	柳初	四	十六	五	二
十	一	七	七	二	七	二	六	一	五	軫初	六	三
十一	二	女初	八	三	八	三	七	二	六	一	七	四
十二	三	一	九	四	九	四	八	三	七	二	八	五
十三	四	二	十	五	十	五	九	四	八	三	九	六
十四	田宅 斗五	男女 女三	奴僕 危十一	妻妾 壁六	疾厄 婁十一	遷移 畢六	官祿 井十	福德 柳五	相貌 張九	命度 軫四	財帛 (日)氐初	兄弟 心七
十五	六	四	十二	七	十二	七	十一	六	十	五	一	尾初
十六	七	五	十三	八	胃初	八	十二	七	十一	六	二	一
十七	八	六	十四	九	一	九	十三	八	十二	七	三	二
十八	九	七	十五	十	二	十	十四	九	十三	八	四	三
十九	十	八	十六	十一	三	十一	十五	十	十四	九	五	四
廿	十一	九	十七	十二	四	十二	十六	十一	十五	十	六	五
廿一	十二	十	十八	十三	五	十三	(土)十七	十二	十六	十一	七	六
廿二	十三	十一	十九	奎初	六	十四	十八	十三	十七	十二	八	(火)七
廿三	十四	虛初	室初	一	七	觜初	十九	十四	翼初	(木)角初	九	八
廿四	十五	一	一	二	八	參初	二十	十五	一	一	十	九
廿五	十六	(月)二	二	三	九	一	廿一	十六	二	二	十一	十
廿六	十七	三	三	四	十	(金)二	廿二	星初	三	三	十二	十一
廿七	十八	四	四	五	十一	三	廿三	一	四	四	十三	十二
廿八	十九	五	五	六	十二	四	廿四	二	五	五	十四	十三
廿九	二十	六	六	七	昴初	五	廿五	三	六	六	十五	十四

身命六親概要

金星掌文爵。躔參水度。與命度爲同經。木星掌田宮度主。守照命宮。爲田宮入命。三方有金星鈞照。爲命度主之恩。又命度主水星飛入兄弟宮。躔心月度。化曜爲偏財躔傷官度。最爲上格。惜原盤月躔日度失次。且喜四月度頂官魁財印諸吉星。均與水主爲有關涉。綜上各點。文爵官魁財印等星。與命相互頂躔。自是功名有分之人。又田宅入命。財躔傷度。當許創業興家。惟財入閉宮。剝削亦衆。又月躔虛日度。即以日爲身主。太陽起在卯宮。爲向明之地。且入財垣地。必主出身清高。得邀天爵。至論性情。命入金宮。秉性方正。以水爲度主。則圓融智巧。亦屬天成。再論六親。查田宅爲父母之宮。日月爲父母之象。原盤田宅宮有土星對照。土掌原太歲飛刃地雌。且太陽躔土。太陰躔日。均爲失次。親蔭雖濃。但恐怙恃難久。兄弟之位。落在寅宮。木數爲三。水掌驛馬守照本宮。主勞燕分飛。且度居兩歧。鴈序雖三。亦須異母。妻宮有木星對照。木登木殿。妻主受洩。土星飛入寅宮。亦爲洩氣之地。結髮當難偕老。喜水星起躔月度。爲偏財躔傷官度。若鸞膠再續。堪許白首同盟。男女臨於子垣。度亦爲土。數可論五。但原盤土躔木度失次。而木星又來鈎照。五減爲三。且喜土星起在官祿之宮。當許箕裘克紹也。欲知逐年遭際。再爲限度詳參。

限度分年詳參

十六歲（辛丑）十七歲（壬寅）起巳限。行翼六之一度。原盤火星登殿。福蔭優渥。又爲科名之度。小試必利。十八歲（癸卯）十九歲（甲辰）二十歲（乙巳）二十一歲（丙午）二十二歲（丁未）二十三歲（戊申）行張月十七之一。爲傷官度。尚難問名。喜原盤官魁財卯諸吉星。均在月躔。科舉因緣。亦非分外。惟當生月躔失次。月爲母爲身。不免萱庭多疾。喜懼交并也。

二十四歲（己酉）行張一之星七。爲初交刃首之年。（日掌原太歲陽刃）月爲母度。計星又到限度。（計爲月之難星）流年鈞起本限。應丁內艱。又計爲子星。同年並應得子。
二十五歲（庚戌）行星七之四。爲刃雄之度。不利。
二十六歲（辛亥）轉午限。行星三之一。限又爲刃。流年沖起巳宮計炁二星尅度。應主椿庭見背。
二十七歲（壬子）出星入柳。爲刃尾。月傷官金刼財暗頂。流年鈞起辰宮木星。爲土度之難。防破財傷丁。
二十八歲（癸丑）行柳十五之十三。土爲妻度主之難。又掌原太歲飛刃地雌。流年沖鈞未巳兩宮土計作難。又在刃限。主尅妻。
二十九歲（甲寅）行柳十二之十。土星食神炁星正財暗頂。流年填起寅宮水星。（水爲妻主又掌驛馬）並沖起申宮金星。（金爲妻主之恩）主鸞膠再續。有鴻翮高舉之象。
三十歲（乙卯）行柳十之七。原盤太陽本在土躔。流年填卯宮太陽。又鈞合亥宮羅官孛卯。主握銅符。羅爲子度之恩。又主得子。
三十一歲（丙辰）行柳七之四。流年鈞起申子二宮傷官劫財。又填起辰宮木星尅度。主罷官失利。
三十二歲（丁巳）行柳四之二。流年填起巳宮計星七煞。餘奴犯主。災耗不免。所喜冲起亥宮羅官。羅又爲行度之恩。塞翁失馬。焉知非福。
三十三歲（戊午）出柳入鬼。限度關界。錯節必多。但流年鈞起寅宮水財。水掌原太歲驛馬。動必有利。且喜火星亦動。火爲子之恩星。並主得子。

三十四歲（己未）行鬼金三之初。爲刼財度。又爲疾主度。原盤金躔洩氣。不免疾痛淹纏。但金又爲命主之恩。可無防礙。更喜寅宮水財亥宮孛卯。相互暗項。流年又鈎起羅官。甚許問名求利。

三十五歲（庚申）出鬼入井。羅計暗項。官煞交爭。宦途不順。喜寅宮水星驛馬辰宮木星玉貴流年冲鈎。當可另作良圖。

三十六歲（辛酉）行井廿八之廿六。爲半財度。（炁化曜正財）當生木登木殿。流年又鈎起巳宮炁財。可言得財。但木旺尅土。應傷小口。

三十七歲（壬戌）轉未限。行井廿五之廿四。流年鈞起寅宮水財。處境較順。

三十八歲（癸亥）行井廿三之廿二。流年填起亥宮官卯。鈞起卯宮太陽。可得薦保。

三十九歲（甲子）行井廿一之廿。子宮月傷頂度。流年又填實。主罷職閒居。

四十歲（乙丑）行井十九之十八。辰宮木星暗頂。當生木登木殿。木為子之難星。現行木度。應有喪明之痛。又流年冲限。拂逆可知。

四十一歲（丙寅）行井十七之十六。土星掌原太歲刃雌。又掌流歲飛刃。正頂度上。巳宮炁星又來暗頂。為餘奴傷主。流年冲起申宮金星尅度。金又掌流歲地雌。煩惱勃谿。極盡人事之苦。宜慎。

四十二歲（丁卯）行井十五之十四。歲刃填限。流年又鈞合本限土星尅度。雖亥宮官魁合照。亦必多勞少成。

四十歲（戊辰）行井十三之十二。流年填鈞辰宮木星子宮太陰原流玉貴。又鈞起申宮金星原歲天貴。可許另圖新業。

四十四歲（己巳）行井十一之十。太陽暗項。流年冲起亥宮官卯。仕途進展。但太陽掌原歲陽刃。還須小心將事。

四十五歲（庚午）行井九之八。流年冲鈞子宮月傷寅宮水財。水又爲行度之恩。可得財利。惟木受水生。木旺尅土。不利小口。

四十六歲（辛未）行井七之六。流年填限。又釣合卯宮太陽。亥宮官卯。仕路平穩。

四十七歲（壬申）行井五之四。流年冲起寅宮水財。釣合子宮月傷。爲傷官生財。量入爲出。當可耕九餘三矣。

四十八歲（癸酉）行井三之二。寅宮水財亥宮孛卯暗項。又水孛爲行度之恩。身康境順。可以自娛。

四十九歲（甲戌）行井一之初。亥宮羅官暗項。流年釣起寅宮水財。堪許利名雙得。

五十歲（乙亥）出井入參九之八。流年填實亥宮官魁諸吉。仕途無礙。惟冲起巳宮計煞頂尅行度。且值歧界之鄉。

君子有履霜之戒。

五十一歲（丙子）行參七之八。爲偏財度。亦爲命度。原盤偏財躔傷官度。流年填起子宮月傷。財星受生。可獲意外之利。但仕途亦多荆棘矣。

五十二歲（丁丑）轉申限。爲驛馬宮。行參五之三。轉徙奔馳。動盪不甯。金星刼財正頂。耗損不免。喜金爲水之恩。康强無恙。

五十三歲（戊寅）行參二之觜初。限度歧界。事多拂逆。且流年冲動本限金星刼財。財去身安。

五十四歲。（己卯）行畢十四之十一。原盤月躔失次。流年鈞起未宮土難（月度土爲難）頂尅行度。又填起卯宮日刃。秋冬之交防疾。見有刑尅可免。

五十五歲（庚辰）行畢十之七。流年塡鈞三方諸星。無甚出入。申宮雖有金星刼財。亦爲命主之恩。安分守命。待時而動。

五十六歲（辛巳）行畢六之四。流年塡起巳宮計殺作難。諸宜衛嗇。幸無流刃加臨。處困若亨。

五十七歲（壬午）行畢三之初。冲鈞寅宮水財子宮月傷。可獲財利。人口平安。

五十八歲（癸未）出畢入昴八之五。度合陽刃。流年鈞起亥宮羅星。與日爭光。幸有孛星同到。衆煞相制。本自無憂。節衛惟謹。

五十九歲（甲申）行昴四之一。爲限尾關界之鄉。度又爲刃。流年沖起寅宮火星。火掌流刃。又鈞起辰宮木星爲難。限度已危。修德獲福。過此再詳。

月限分推（以庚辰流年爲例）

庚辰流年。小限在戌。即以戌宮起本人之生月。（即十月）本年日掌地雌。月掌勾神。金掌劍鋒小耗陽刃。木掌驛馬天狗。水掌刼煞。火掌歲破病符。土掌天雄的煞。仍按當生星盤逐宮參之。

正月未限。土星太陽守鈞。土掌天雄。日掌地雌。諸事宜謹。

二月午限。水星偏財。太陰傷官。與限沖鈞。可以求財。

三月巳限。財官印三吉星守照。謀爲攸遂。

四月辰限。木掌流驛守限。雖有動機。亦宜暫守。

五月卯限。太陽掌原刃流雌守限。官印合照。守身惟謹。不必亟亟求名。

六月寅限。水星偏財守限。官魁合照。名利皆宜。

七月丑限。炁財計殺鈞照。得失相衡。動不如靜。

八月子限。金掌流刃鈞合。衛嗇爲佳。

九月亥限。吉星守鈞。諸凡迪吉。

十月戌限。偏財鈞照。雖耗無損。

十一酉限。謹守有得。動反無功。

十二月申限。流刃守限。諸宜安分。

星度指南全

中華民國三十年辛巳仲冬初版

星度指南（全一冊）

實價國幣陸元整

郵運匯費另加

編著者　上虞曹仁麟

發行者　唫梅書屋

印刷者　中華書局

經售者　千頃堂書局　上海三馬路望平街口

各大書局

占筮類			
1	擲地金聲搜精秘訣	心一堂編	沈氏研易樓藏稀見易占秘鈔本
2	卜易拆字秘傳百日通	心一堂編	
3	易占陽宅六十四卦秘斷	心一堂編	火珠林占陽宅風水秘鈔本
星命類			
4	斗數宣微	【民國】王裁珊	民初最重要斗數著述之一；未刪改本
5	斗數觀測錄	【民國】王裁珊	失傳民初斗數重要著作
6	《地星會源》《斗數綱要》合刊	心一堂編	失傳的第三種飛星斗數
7	《斗數秘鈔》《紫微斗數之捷徑》合刊	心一堂編	珍稀「紫微斗數」舊鈔秘本
8	斗數演例	心一堂編	
9	紫微斗數全書（清初刻原本）	題【宋】陳希夷	斗數全書本來面目；有別於錯誤極多的坊本
10-12	鐵板神數（清刻足本）——附秘鈔密碼表	題【宋】邵雍	無錯漏原版秘鈔密碼表　首次公開！
13-15	蠢子數纏度	題【宋】邵雍	蠢子數連密碼表打破數百年秘傳　首次公開！
16-19	皇極數	題【宋】邵雍	清鈔孤本附起例及完整密碼表研究神數必讀！
20-21	邵夫子先天神數	題【宋】邵雍	附手鈔密碼表研究神數必讀！
22	八刻分經定數（密碼表）	題【宋】邵雍	皇極數另一版本；附手鈔密碼表
23	新命理探原	【民國】袁樹珊	子平命理必讀教科書！
24-25	袁氏命譜	【民國】袁樹珊	
26	韋氏命學講義	【民國】韋千里	民初二大命理家南袁北韋
27	千里命稿	【民國】韋千里	北韋之命理經典
28	精選命理約言	【民國】韋千里	
29	滴天髓闡微——附李雨田命理初學捷徑	【民國】袁樹珊、李雨田	命理經典未刪改足本
30	段氏白話命學綱要	【民國】段方	民初命理經典最淺白易懂
31	命理用神精華	【民國】王心田	學命理者之寶鏡

32	命學探驪集	【民國】張巢雲	發前人所未發 稀見民初子平命理著作
33	澹園命談	【民國】高澹園	
34	算命一讀通——鴻福齊天	【民國】不空居士、覺先居士合纂	
35	子平玄理	【民國】施惕君	
36	星命風水秘傳百日通	心一堂編	
37	命理大四字金前定	題【晉】鬼谷子王詡	源自元代算命術
38	命理斷語義理源深	心一堂編	稀見清代批命斷語及活套
39－40	文武星案	【明】陸位	失傳四百年《張果星宗》姊妹篇　千多星盤命例　研究命學必備
相術類			
41	新相人學講義	【民國】楊叔和	失傳民初白話文相術書
42	手相學淺說	【民國】黃龍	民初中西結合手相學經典
43	大清相法	心一堂編	重現失傳經典相書
44	相法易知	心一堂編	
45	相法秘傳百日通	心一堂編	
堪輿類			
46	靈城精義箋	【清】沈竹礽	沈氏玄空遺珍 玄空風水必讀
47	地理辨正抉要	【清】沈竹礽	
48	《玄空古義四種通釋》《地理疑義答問》合刊	沈瓞民	
49	《沈氏玄空吹虀室雜存》《玄空捷訣》合刊	【民國】申聽禪	
50	漢鏡齋堪輿小識	【民國】查國珍、沈瓞民	
51	堪輿一覽	【清】孫竹田	失傳已久的無常派玄空經典
52	章仲山挨星秘訣（修定版）	【清】章仲山	章仲山無常派玄空珍秘 門內秘本首次公開 沈竹礽等大師尋覓一生末得之珍本！
53	臨穴指南	【清】章仲山	
54	章仲山宅案附無常派玄空秘要	心一堂編	
55	地理辨正補	【清】朱小鶴	玄空六派蘇州派代表作
56	陽宅覺元氏新書	【清】元祝垚	簡易・有效・神驗之玄空陽宅法
57	地學鐵骨秘　附　吳師青藏命理大易數	【民國】吳師青	釋玄空廣東派地學之秘
58－61	四秘全書十二種（清刻原本）	【清】尹一勺	玄空湘楚派經典本來面目 有別於錯誤極多的坊本

編號	書名	作者	簡介
62	地理辨正補註　附 元空秘旨　天元五歌　玄空精髓　心法秘訣等數種合刊	【民國】胡仲言	貫通易理、巒頭、三元、三合、天星、中醫
63	地理辨正自解	【清】李思白	公開玄空家「分率尺、工部尺、量天尺」之秘
64	許氏地理辨正釋義	【民國】許錦灝	民國易學名家黃元炳力薦
65	地理辨正天玉經內傳要訣圖解	【清】程懷榮	秘訣一語道破，圖文并茂
66	謝氏地理書	【民國】謝復	玄空體用兼備、深入淺出
67	論山水元運易理斷驗、三元氣運說附紫白訣等五種合刊	【宋】吳景鸞等	失傳古本《玄空秘旨》《紫白訣》
68	星卦奧義圖訣	【清】施安仁	
69	三元地學秘傳	【清】何文源	
70	三元玄空挨星四十八局圖說	心一堂編	三元玄空門內秘笈　清鈔孤本 過去均為必須守秘不能公開秘密 與今天流行飛星法不同
71	三元挨星秘訣仙傳	心一堂編	
72	三元地理正傳	心一堂編	
73	三元天心正運	心一堂編	
74	元空紫白陽宅秘旨	心一堂編	
75	玄空挨星秘圖　附 堪輿指迷	心一堂編	
76	姚氏地理辨正圖說　附 地理九星并挨星真訣全圖　秘傳河圖精義等數種合刊	【清】姚文田等	蓮池心法　玄空六法 門內秘鈔本首次公開
77	元空法鑑批點本——附 法鑑口授訣要、秘傳玄空三鑑奧義匯鈔　合刊	【清】曾懷玉等	
78	元空法鑑心法	【清】曾懷玉等	
79	曾懷玉增批蔣徒傳天玉經補註【新修訂版原（彩）色本】	【清】項木林、曾懷玉	
80	地理學新義	【民國】俞仁宇撰	揭開連城派風水之秘
81	地理辨正揭隱（足本）　附連城派秘鈔口訣	【民國】王邈達	
82	趙連城傳地理秘訣附雪庵和尚字字金	【明】趙連城	
83	趙連城秘傳楊公地理真訣	【明】趙連城	
84	地理法門全書	仗溪子、芝罘子	巒頭風水，內容簡核、深入淺出
85	地理方外別傳	【清】熙齋上人	巒頭形勢、「望氣」「鑑神」
86	地理輯要	【清】余鵬	集地理經典之精要
87	地理秘珍	【清】錫九氏	巒頭、三合天星，圖文並茂
88	《羅經舉要》附《附三合天機秘訣》	【清】賈長吉	清鈔孤本羅經、三合訣法圖解
89-90	嚴陵張九儀增釋地理琢玉斧巒	【清】張九儀	清初三合風水名家張九儀經典清刻原本！

編號	書名	作者	說明
91	地學形勢摘要	心一堂編	形家秘鈔珍本
92	《平洋地理入門》《巒頭圖解》合刊	【清】盧崇台	平洋水法、形家秘本
93	《鑒水極玄經》《秘授水法》合刊	【唐】司馬頭陀、【清】鮑湘襟	千古之秘，不可妄傳匪人
94	平洋地理闡秘	心一堂編	雲間三元平洋形法秘鈔珍本
95	地經圖說	【清】余九皋	形勢理氣、精繪圖文
96	司馬頭陀地鉗	【唐】司馬頭陀	流傳極稀《地鉗》
97	欽天監地理醒世切要辨論	【清】欽天監	公開清代皇室御用風水真本
三式類			
98-99	大六壬尋源二種	【清】張純照	六壬入門、占課指南
100	六壬教科六壬鑰	【民國】蔣問天	由淺入深，首尾悉備
101	壬課總訣	心一堂編	過去術家不外傳的珍稀六壬術秘鈔本
102	六壬秘斷	心一堂編	
103	大六壬類闡	心一堂編	
104	六壬秘笈——韋千里占卜講義	【民國】韋千里	六壬入門必備
105	壬學述古	【民國】曹仁麟	依法占之，「無不神驗」
106	奇門揭要	心一堂編	集「法奇門」、「術奇門」精要
107	奇門行軍要略	【清】劉文瀾	條理清晰、簡明易用
108	奇門大宗直旨	劉毗	天下孤本　首次公開
109	奇門三奇干支神應	馮繼明	虛白盧藏本《秘藏遁甲天機》
110	奇門仙機	題【漢】張子房	奇門不傳之秘　應驗如神
111	奇門心法秘纂	題【漢】韓信（淮陰侯）	
112	奇門廬中闡秘	題【三國】諸葛武侯註	
選擇類			
113-114	儀度六壬選日要訣	【清】張九儀	清初三合風水名家張九儀擇日秘傳
115	天元選擇辨正	【清】一園主人	釋蔣大鴻天元選擇法
其他類			
116	述卜筮星相學	【民國】袁樹珊	民初二大命理家南袁北韋
117-120	中國歷代卜人傳	【民國】袁樹珊	南袁之術數經典

編號	書名	作者	說明
占筮類			
121	卜易指南(二種)	【清】張孝宜	民國經典，補《增刪卜易》之不足
122	未來先知秘術——文王神課	【民國】張了凡	內容淺白、言簡意賅、條理分明
星命類			
123	人的運氣	汪季高(雙桐館主)	五六十年香港報章專欄結集！
124	命理尋源	【民國】徐樂吾	民國三大子平命理家徐樂吾必讀經典！
125	訂正滴天髓徵義		
126	滴天髓補註 附 子平一得		
127	窮通寶鑑評註 附 增補月談賦 四書子平		
128	古今名人命鑑		
129-130	紫微斗數捷覽(明刊孤本)[原(彩)色本] 附 點校本 (上)(下)	馮一、心一堂術數古籍整理編校小組 整理	明刊孤本 首次公開！
131	命學金聲	【民國】黃雲樵	民國名人八字、六壬奇門推命
132	命數叢譚	【民國】張雲溪	子平斗數共通、百多民國名人命例
133	定命錄	【民國】張一蟠	民國名人八十三命例詳細生平
134	《子平命術要訣》《知命篇》合刊	【民國】鄒文耀、【民國】胡仲言 撰	《子平命術要訣》科學命理；《知命篇》易理皇極、命理地理、奇門六壬互通
135	科學方式命理學	閻德潤博士	匯通八字、中醫、科學原理！
136	八字提要	韋千里	民國三大子平命理家韋千里必讀經典！
137	子平實驗錄	【民國】孟耐園	作者四十多年經驗 占卜奇靈 名震全國！
138	民國偉人星命錄	【民國】囂囂子	幾乎包括所民初總統及國務總理八字！
139	千里命鈔	韋千里	失傳民初三大命理家-韋千里 代表作
140	斗數命理新篇	張開卷	現代流行的「紫微斗數」內容及形式上深受本書影響
141	哲理電氣命數學——子平部	【民國】彭仕勛	命局按三等九級格局、不同術數互通借用
142	《人鑑——命理存驗·命理擷要》(原版足本)附《林庚白家傳》	【民國】林庚白	傳統子平學修正及革新、大量名人名例
143	《命學苑苑刊——新命》(第一集)附《名造評案》《名造類編》等	【民國】林庚白、張一蟠等撰	史上首個以「唯物史觀」來革新子平命學結集
相術類			
144	中西相人探原	【民國】袁樹珊	按人生百歲，所行部位，分類詳載
145	新相術	【美國】字拉克福原著、【民國】沈有乾編譯	通過觀察人的面相身形、色澤舉止等，得知性情、能力、習慣、優缺點等
146	骨相學	【民國】風萍生編著	結合醫學中生理及心理學，影響近代西、日、中相術深遠
147	人心觀破術 附運命與天稟	【日本】管原如庵、加藤孤雁原著，【民國】唐真如譯	觀破人心、運命與天稟的奧妙

編號	書名	作者	簡介
148	《人相學之新研究》《看相偶述》合刊	盧毅安	集中外大成，無不奇驗；影響近代香港相術名著
149	冰鑑集	【民國】碧湖鷗客	各家相法精華、相術捷徑、圖文並茂附名人照片
150	《現代人相百面觀》《相人新法》合刊	【民國】吳道子輯	失傳民初相學經典二種 重現人間！
151	性相論	【民國】余晉龢	民初北平公安局專論相學與犯罪專著（犯罪學生物學派）
152	《相法講義》《相理秘旨》合刊	韋千里、孟瘦梅	命理學大家韋千里經典、傳統相術秘籍精華
153	《掌形哲學》附《世界名人掌形》《小傳》	【民國】余萍客	圖文并茂、附歐美名人掌形圖及生平簡介
154	觀察術	【民國】吳貴長	可補充傳統相術之不足
堪輿類			
155	羅經消納正宗	【明】沈昇撰、【明】史自成、丁孟章合纂	失傳四庫存目珍稀風水古籍
156	風水正原	【清】余天藻	●積德為求地之本，形家必讀！ ●純宗形家，與清代欽天監地理風水主張大致相同
157	安溪地話（風水正原二集）		
158	《蔣子挨星圖》附《玉鑰匙》	【清】蔣大鴻等傳	窺知無常派章仲山一脈真傳奧秘
159	樓宇寶鑑	吳師青	陽宅風水必讀、 現代城市樓宇風水看法改革
160	《香港山脈形勢論》《如何應用日景羅經》合刊		香港風水山脈形勢專著
161	三元真諦稿本——讀地理辨正指南	【民國】王元極	被譽為蔣大鴻、章仲山後第一人 內容直接了當，盡揭三元玄空家之秘
162	三元陽宅萃篇		
163	王元極增批地理冰海 附批點原本地理冰海	【清】高守中【民國】王元極	
164	地理辦正發微	【清】唐南雅	極之清楚明白，披肝露膽
165-167	增廣沈氏玄空學 附 仲山宅斷秘繪稿本三種、自得齋地理叢說稿鈔本（上）（中）（下）	【清】沈竹礽	玄空必讀經典！附《仲山宅斷》幾種鈔本及批點本，畫龍點晴、披肝露膽，道中刊印本未點破的秘訣
168-169	巒頭指迷（上）（下）	【清】尹貞夫原著、【民國】何廷珊增訂、批注	圖文并茂：龍、砂、穴、水、星辰九十九變 洩漏天機：蔣大鴻、賴布衣挨星秘訣及用法
170-171	三元地理真傳（兩種）（上）（下）	【清】趙文鳴	蔣大鴻嫡派真傳張仲馨一脈二十種家傳秘本、宅墓案例三十八圖，並附天星擇日
172	三元宅墓圖 附 家傳秘冊		
173	宅運撮要	【民國】尤惜陰（演本法師）、榮柏雲	撮三集《宅運新案》之精要
174	章仲山秘傳玄空斷驗筆記 附 章仲山斷宅圖註	【清】章仲山傳、【清】唐鷺亭纂	無常派玄空不外傳秘中秘！二宅實例有斷驗及改造內容
175	汪氏地理辨正發微 附 地理辨正真本	【清】蔣大鴻、姜垚原著、【清】汪云吾發微	蔣大鴻嫡派張仲馨一脈三元理、法、訣具體泄露 三百年來最佳《地理辦正》註解！石破天驚！
176	蔣大鴻家傳歸厚錄汪氏圖解	【清】蔣大鴻、【清】汪云吾圖解	
177	蔣大鴻嫡傳三元地理秘書十一種批注	【清】蔣大鴻原著、【清】汪云吾、【清】劉樂山註	

編號	書名	作者	說明
178	《星氣(卦)通義(蔣大鴻秘本四十八局圖并打劫法)》《天驚秘訣》合刊	題【清】蔣大鴻 著	江西興國真傳三元風水秘本
179	蔣大鴻嫡傳天心相宅秘訣全圖附陽宅指南等秘書五種	【清】蔣大鴻編訂、【清】汪云吾、劉樂山註	蔣大鴻徒張仲馨秘傳陽宅風水「教科書」！
180	家傳三元地理秘書十三種		真天宮之秘　千金不易之寶
181	章仲山門內秘傳《堪輿奇書》附《天心正運》	【清】章仲山傳、【清】華湛恩	直洩無常派章仲山玄空風水不傳之秘
182	《挨星金口訣》、《王元極增批補圖七十二葬法訂本》合刊	[民國]王元極	秘中秘——玄空挨星真訣公開！字字千金！
183-184	《家傳三元古今名墓圖集附謝氏水鉗》《蔣氏三元名墓圖集》合刊(上)(下)	(清)孫景堂，劉樂山，張稼夫	蔣大鴻嫡傳風水宅案、幕講師、蔣大鴻、姜垚等名家多個實例，破禁公開！
185-186	《山洋指迷》足本兩種 附《尋龍歌》(上)(下)	【明】周景一	風水巒頭形家必讀《山洋指迷》足本！
187-196	蔣大鴻嫡傳水龍經注解 附 虛白廬藏珍本水龍經四種(1-10)	【清】蔣大鴻編訂、【清】楊臥雲、汪云吾、劉樂山註	蔣大鴻嫡傳一脈授徒秘笈 希世之寶 千年以來，師師相授之秘旨，破禁公開！ 完整了解蔣氏嫡派真傳一脈三元理、法、訣！ 附已知最古《水龍經》鈔本等五種稀見《水龍經》
197	批注地理辨正直解	【清】章仲山	無常派玄空必讀經典未刪改本！
198	《天元五歌闡義》附《元空秘旨》(清刻原本)		
199	心眼指要(清刻原本)		
200	華氏天心正運	【清】華湛恩	
201-202	批注地理辨正再辨直解合編(上)(下)	【清】蔣大鴻原著、【清】姚銘三再註、【清】章仲山直解	失傳姚銘三玄空經典重現人間！ 名家：沈竹礽、王元極推薦！
203	章仲山注《玄機賦》《元空秘旨》附《口訣中秘訣》《因象求義》等九種合刊	【清】章仲山	近三百年來首次公開！　章仲山無常派玄空秘密，和盤托出！
204	章仲山門內真傳《三元九運挨星篇》《運用篇》《挨星定局篇》《口訣篇》等合刊	【清】章仲山、柯遠峰等	章仲山注《玄機賦》及章仲山原傳之口訣及筆記
205	章仲山門內真傳《大玄空秘圖訣》《天驚訣》《飛星要訣》《九星斷略》《得益錄》等合刊	【清】章仲山、冬園子等	
206	撼龍經真義	吳師青註	近代香港名家吳師青必讀經典
207	章仲山嫡傳《翻卦挨星圖》《秘鈔元空秘旨》　附《秘鈔天元五歌闡義》	【清】章仲山傳、【清】王介如輯撰	透露章仲山家傳玄空嫡傳學習次弟及關鍵不傳之秘
208	章仲山嫡傳秘鈔《秘圖》《節錄心眼指要》合刊		
209	《談氏三元地理大玄空實驗》附《談養吾秘稿奇門占驗》	【民國】談養吾撰	史上首次公開「無常派」下卦起星等挨星秘密之書
210	《談氏三元地理濟世淺言》附《打開一條生路》		了解談氏入世的易學卦德爻象思想
211-215	《地理辨正集註》附　《六法金鎖秘》《巒頭指迷真詮》《作法雜綴》等(1-5)	【清】尋緣居士	集《地理辨正》一百零八家註解大成精華 匯巒頭及蔣氏、六法、無常、湘楚等秘本 史上最大篇幅的《地理辨正》註解
216	三元大玄空地理二宅實驗(足本修正版)	【民國】尤惜陰(演本法師)、榮柏雲撰	三元玄空無常派必讀經典足本修正版

編號	書名	作者	簡介
217	蔣徒呂相烈傳《幕講度針》附《元空秘斷》《陰陽法竅》《挨星作用》	【清】呂相烈	蔣大鴻門人呂相烈三元秘本三百年來首次破禁公開！
218	挨星撮要（蔣徒呂相烈傳）		
219-221	《沈氏玄空挨星圖》《沈註章仲山宅斷未定稿》《沈氏玄空學（四卷原本）》合刊（上中下）	【清】沈竹礽 等	揭開沈氏玄空挨星五行吉凶斷的變化及不同用法 章仲山宅斷未刪本、沈氏玄空學原本佚文、玄空挨星圖稿鈔本 大公開！
222	地理穿透真傳（虛白盧藏清初刻原本）	【清】張九儀	三合天星家宗師張九儀畢生地學精華結集
223-224	地理元合會通二種（上）（下）	【清】姚炳奎	分發兩家（三元、三合）之秘，會通其用 詳解注羅盤（蔣盤、賴盤）；義理、斷驗俱精
其他類			
225	天運占星學 附 商業周期、股市粹言	吳師青	天星預測股市，神準經典
226	易元會運	馬翰如	《皇極經世》配卦以推演世運與國運
三式類			
227	大六壬指南（清初木刻五卷足本）	【清】薛鳳祚	六壬學占驗課案必讀經典海內善本
228-229	甲遁真授秘集（批注本）（上）（下）		明清皇家欽天監秘傳奇門遁甲 奇門、易經、皇極經世結合經典
230	奇門詮正	【民國】曹仁麟	簡易、明白、實用，無師自通！
231	大六壬探源	【民國】袁樹珊	民初三大命理家袁樹研究六壬四十餘年代表作
232	遁甲釋要	【民國】徐昂	推衍遁甲、易學、洛書九宮大義！
233	《六壬卦課》《河洛數釋》《演玄》合刊		疏理六壬、河洛數、太玄隱義！
234	六壬指南（【民國】黃企喬）	【民國】黃企喬	失傳經典 大量實例
選擇類			
235	王元極校補天元選擇辨正	原【清】謝少暉輯、【民國】王元極校補	三元地理天星選日必讀
236	王元極選擇辨真全書 附 秘鈔風水選擇訣	【民國】王元極	王元極天昌館選擇之要旨
237	蔣大鴻嫡傳天星選擇秘書注解三種	【清】蔣大鴻編訂、【清】楊臥雲、汪云吾、劉樂山註	蔣大鴻陰陽二宅天星擇日日課案例！
238	增補選吉探源	【民國】袁樹珊	按表檢查，按圖索驥：簡易、實用！
239	《八風考略》《九宮撰略》《九宮考辨》合刊	沈瓞民	會通沈氏玄空飛星立極、配卦深義
其他類			
240	《中國原子哲學》附《易世》《易命》	馬翰如	國運、世運的推演及預言